KB205901

Effective Prayer Life

응답받는 기도생활

척 스미스 지음 이요나 감역

홀리북스

Effective Prayer Life
응답받는 기도생활
by Chuck Smith

저자 척 스미스
감역 이 요 나
편집 홀리북스

등록 제2014-000225
주소 06102 서울시 강남구 연주로 608 303
전화 02-546-3211
팩스 02-798-5412

가격 7,000원

* 파본은 구입하신 서점에서 교환해 드립니다.

본 저작물의 저작권은 홀리북스에 있습니다.
신 저작권법에 의하여 한국 내에서 보호받는 저작물이므로
무단전제와 무단복제를 금합니다

역자 서문

1970년대 타임지의 표지에 실린 3000여명의 히피 청년들에게 세례를 베푸는 척 스미스 목사의 사진이 실렸습니다. 그들은 반정부, 반사회운동에 휘말려 살아야할 소망을 상실한 체 집과 직장을 떠나 해변을 떠돌며 동가식서가숙 하던 히피들이 갈보리채플을 개척한 척 스미스 목사의 예수운동으로 구원받은 청년들입니다.

예수혁명이라고 칭하는 예수운동은 미국교회 역사에 결정적인 영향을 미쳤습니다. 그리고 25명으로 시작한 코스타메사 갈보리채플은 오늘날 미국 전역에 1400여개의 교회를 개척하고, 미국 최대교회 중 13개를 석권했으며 3천명의 제자들이 전 세계에서 복음대열에 참여하고 있습니다.

척 스미스 목사님의 목회철학은 오직 성경, 오직 성령, 오직 기도라는 아주 심플한 주제입니다. 그는 신구약 성경 전체를 심도 깊게 한절씩 가르치며, 모든 성도들이 성경 말씀에 집중하게 합니다. 그래서 척 목사의 설교를 들으면 지루한 것 같지만 성경의 깊은 매력에 빠지게 되고, 어느새 그 말씀 속에 역사하는 성령과 소통을 하게 됩니다. 그래서 갈보리채플 예배에 참여하면 찬양과 경배와 설교와 기도가 넘쳐 나서 살아계신 하나님의 능력을 체험하게 됩니다.

『응답받는 기도생활』은 성령이 우리 삶에 역사하는 원리를 깨닫게 합니다. 물론 그 능력은 우리의 기도로 하나님의 손을 움직이게 하는 것은 아닙니다. 오히려 기도는 하나님의 절대적 믿음의 신뢰 속에서 하나님의 능력이 방출되게 하는 것입니다. 우리는 한계 속에서 하나님 볼 수밖에 없지만 우리가 기도할 때 하나님의 능력이 우리의 한계를 넓혀 가십니다.

척 스미스 목사님은 예레미야의 기도를 인용하여 "우리는 너무 자기 앞의 문제에 집중하고 있기 때문에 하늘과 땅과 바다와 그 안에 있는 모든 것을 창조하신 분과의 대화하는 것을 잊고 있습니다. 그러나 하나님은 백혈병 말기 환자를 치료하는 것이 감기 정도를 치료하는 것보다 훨씬 더 쉬울 수도 있습니다" 증거합니다.

이 책을 통하여 하나님을 향한 순수한 기도가 하나님의 사랑과 능력을 이끌어 내어 아무도 해결할 수 없었던 사탄에 사로잡힌 수 천 명의 영혼들을 예수 그리스도 앞으로 나오게 한 것을 알 수 있습니다. 그것이 바로 척 스미스 목사가 일으킨 예수혁명의 핵심입니다.

이 책은 1994년 6월 척 스미스 목사님이 한국 목회자 세미나를 인도하기 위해 오셨을 때, 힐튼호텔 조찬식탁에 함께한 동경호라이즌 채플 히라노 코오이치 목사님께서 내게 선물로 주신 일본어 번역책을 한국어로 번역한 것입니다. 25년이나 지난 지금에서야 이 책을 펴낸 것은 척 스미스 목사님께서 가르쳐 주신 기도의 응답이 내게 모두 이루어졌기 때문입니다.

하나님께서는 사랑하는 모든 자녀들의 기도에 응답하시기를 원하시지만 불행하게도 우리의 많은 기도들이 응답을 받지 못하고 있습니다. 이 책은 당신의 기도가 하나님의 능력을 발휘할 수 있는 응답 받는 기도의 길잡이가 될 것입니다.

이 요나 목사

머리말

오늘날 우리는 앞이 보이지 않는 절망적인 시대를 살고 있습니다. 그러나 하나님 앞에 기도하고 있는 교회는 절망적이지 않습니다.

예수께서 베드로, 야고보 그리고 요한에게 말씀하시기를, "너희가 나와함께 한시 동안 이렇게 깨어 있을 수 없더냐?"(마태복음 26:40)라고 말씀하셨습니다.

이 상황을 보는 우리는 "아이고, 베드로 참 부끄럽구나. 요한아 어찌 그럴 수 있었느냐 그래, 주님과 한 시간도 깨어 기도할 수 없겠더냐!" 그러나 당신이 그들을 한 손가락으로 지적할 때 나머지 네 손가락은 바로 당신을 가리키고 있습니다.

기도란 거듭난 신자가 할 수 있는 가장 중요한 믿음의 행위입니다. 그러므로 기도가 당신의 삶의 우선순위에서 제일 앞부분에 있어야 하는 이유는 우리를 둘러싸고 있는 세상은 우리의 기도를 절대적으로 필요로 하는 상황이기 때문입니다.

기도는 이 마지막 때에 하나님께서 영광스러운 일을 행하실 수 있도록 문을 열어 드리는 작업입니다. 또한 기도는 또한 마귀의 역사를 저지합니다.

[응답받는 기도생활]에 대한 이 책은 성경구절들과 함께 우리가 생각해야할 여러 가지 법칙들이 소개되었습니다. 그러한 원리들을 당신 믿음생활 속에 실제로 적용한다면 당신은 하나님과 새로운 관계 속에 들어가게 될 것입니다.

또한 마지막 때에 마귀를 대항하여 싸우는 영적전쟁을 치르는데 있어서 보다 효과적이고 역동적인 기도생활에서 많은 경험을 하도록 도와줄 것입니다.

우리에게 무엇보다도 기도가 필요한 것은 우리는 혈과 육에 대항하여 싸우는 것이 아니고 영적세력과 정사와 씨름하는 것이므로 우리의 전투무기는 육적인 것이 될 수 없습니다.

기도는 우리가 소유하고 있는 영적 무기고 중에서 가장 강력한 병기입니다. 그러므로 우리의 기도는 원수 사탄의 요새를 무너뜨릴 수 있습니다. 혹시 사탄이 당신이 살고 있는 국가의 통치에 요새를 두고 있습니까? 아니면 당신의 교회나 남편이나 아내 또는 자녀에게 강력한 둥지를 틀고 있습니까? 그렇다면 당신은 이 책을 통하여 사단의 강한 요새들을 파괴할 수 있는 능력 있는 기도의 방법을 배우게 될 것입니다.

척 스미스 목사

1994. 6월 한국 목회자 초청 세미나에서

(왼쪽부터 히라노 코오이치, 김동백, 척 스미스, 이요나)

− 목 차 −

역자서문   3

머리말   5

제1장 기도란 무엇인가?   9
경배   10
간구   11
중보기도   13
전쟁   14
전쟁 시나리오   15
인내의 필요   20
주의 약속을 주장함   22
무엇이든지 원하는 대로?   23
만약 응답이 없을 때   24
효력이 없는 기도   26
도움이 되는 몇 가지 힌트들   29
당신의 무기를 사용하십시오.   32

제2장 기도의 목적   33
인내의 필요   34
하나님의 때   37
하나님은 당신을 축복하기 원하신다   41
기도의 지침들   46
의무가 아닌 특권   50

제3장 기도의 특권   53
기도의 범위   54
기도의 상급   55
나쁜 버릇   57
기도의 모형   58

제4장 효과적인 기도　　　　　　61
기도의 권세　　　　　　62
하나님의 지혜　　　　　　70

제5장 기도의 능력　　　　　　75
능력의 근원　　　　　　76
행동으로 옮기는 기도　　　　　　78
기도의 사람　　　　　　83

제6장 기도하라, 그리하면 내가 응답하리라　　　　　　87
어떤 하나님을 섬깁니까?　　　　　　88
야베스의 간구　　　　　　93
응답　　　　　　97

제7장 기도하지 않는 죄　　　　　　99
하나님의 권위　　　　　　100
선택의 자유 의지　　　　　　103
하나님의 명령　　　　　　104
기도하지 않는 원인들　　　　　　105
해결책　　　　　　107

제8장 어떻게 그리스도인이 되는가　　　　　　111
죄인과 그리스도　　　　　　112
기도합시다　　　　　　113

제 1 장

기도란 무엇인가?

"그가 나를 푸른 초장에 누이시며…"

기도는 기본적으로 3가지 형태로 표현되고 있습니다. 경배(Worship), 간구(Petition), 그리고 중보기도(Intercession)입니다. 기도는 3가지 형태 속에서도 다양한 모양으로 나타납니다.

경배(Worship)

기도의 가장 첫 번째 형태는 경배입니다. 근본적으로 하나님을 향한 경배는 하나님의 임재하심을 의식하게 될 때부터 시작됩니다. 우리가 하나님의 위대하심을 깨닫게 될 때 심령의 깊은 곳에서 하나님을 향한 경배가 솟아 나오게 됩니다.

어느 날 나는 작은 모기 한 마리가 날아다니는 것을 유심히 보고 있었습니다. 그것이 그렇게 작으면서도 아주 경이롭게 설계된 것에 놀랐습니다. 모기는 중력의 법칙을 무시하고 자신을 공중에 뜨게 하여 빠른 속도로 이리저리 날고 있습니다. 그 순간 나도 모르게 "하나님, 당신은 저런 미물 하나까지도 지혜롭게 설계하셨군요" 감탄했습니다.

이렇게 하나님의 창조의 신비를 경배하는 형태가 바로 기도입니다. 하나님이 어떠한 분이시며 그가 어떠한 일을 하셨다는 것이 깨달아질 때, 경배하고 싶은 감동이 속에서 저절로 솟아나게 됩니다.

하나님의 지혜와 능력을 인식하게 될 때 우리는 그분 앞에 떨리는 경외함으로 서게 됩니다. 나는 감히 그의 은혜를 받을 만한 가치가 없는 존재인데, 하나님께서 내게 베푸신 그의 인자하심을 깨닫게 될 때는 감사와 찬양이 솟아 넘치게 됩니다. 그리스도인들은 끊임없이 이러한 형태의 기도를 통하여 영적교제를 하게 됩니다.

하나님께서 자연을 통하여 우리에게 말씀하실 때 우리는 그에 대하여 더 많은 것을 알게 됩니다. 하나님의 능력을 폭풍과 번개 속에도 보게 됩니다. 또한 그의 사랑을 장미꽃 향기 속에서도 느끼게 되며, 데이지 꽃에서도 하나님의 솜씨를 보게 되며 가볍게 흔들리는 잔디를 보며 하나님의 지나가심을 듣습니다.

하나님은 어디서든지 다양한 방법으로 우리에게 말씀하십니다. 우리는 경배를 말로 표현하지만 때때로 그렇게 하지 못할 때도 있습니다. 하나님께서 여러 가지 다양한 방법으로 자신을 우리에게 드러내실 때 그저 단순하게 압도된 감정만이 내 마음속에서 일어날 뿐입니다.

그때 우리는 다만 "오~ 하나님 당신은 너무나 좋으신 분이시군요!" 하고 탄성을 내뱉을 뿐입니다. 이와 같이 하나님의 사랑과 은혜가 깨달아질 때 비로소 우리는 그분을 경배하고 그분과 영적 교제를 가질 수 있게 되는 것입니다.

간구(Petition)

두 번째 기도의 형태는 간구입니다. 좁은 뜻이긴 하지만, 나의 개인적인 필요를 하나님께 내어놓고 도와달라고 필사적으로 구하는 것입니다. 매일 매일 나는 하나님께 하나님의 지혜와 인도, 그리고 능력을 부어 달라고 부르짖습니다. 어떤 사람들은 개인의 간구는 이기적이라고 해서 무시해 버리는 사람도 있습니다. 자신을 위해 기도하는 것은 좋지 않고 남의 유익을 더 먼저 생각해야 한다고 주장하는 분들도 있습니다.

제가 고등학교 다닐 때 유스클럽에서 외웠던 시가 생각납니다.

주님, 매일 매일 자신을 잊어버리는
삶을 살게 하소서.
제가 무릎 꿇어 기도하는 시간까지도
남을 위한 기도를 하게 하소서.

내가 하는 모든 일을 주께서 도와주시어

항상 진실되게 하시며
당신을 위해 하는 나의 모든 일은
항상 남을 위해 필요한 것이 되게 하소서

남을 위하여!
주님, 그렇습니다. 남을 위하여 살게 하소서!
이것이 나의 신조가 되게 하소서.
나를 도우시사 남을 위하여 살게 하시며,
그것이 곧 주를 위해 사는 것이 되게 하소서.

진리를 표현하는 참으로 아름다운 시입니다. 우리는 진실로 남을 위해 기도해야 하며 그들의 필요에 관심을 가져야 합니다. 그렇지만 나는 나에게 필요한 것에 대해서도 기도할 것입니다. 여러분은 원하시는 대로 행하십시오. 그러나 나는 다른 사람에게 유익을 주기 위해서는 내게 필요한 것을 먼저 확실하게 해 둘 것입니다.

성경 말씀에도 "수고하고 농부가 곡식을 먼저 받는 것이 마땅하니라."(딤후 2:6)고 기록되었습니다. 다른 말로 하면 당신이 가지지 않은 것을 남에게 줄 수 없다는 것입니다. 전염병이 그렇듯이 당신이 독감에 걸리지 않고는 남에게 전염시킬 수가 없습니다. 그러므로 하나님의 은혜와 사랑, 능력과 권세를 내가 먼저 받아야 합니다. 내가 먼저 받고 나서야 남에게 그것을 나누어 줄 수 있는 것입니다.

제자 중 한 사람이 예수께 말하기를 "주님, 요한이 제자들에게 가르쳐 준 것처럼, 우리에게도 기도하는 것을 가르쳐 주소서."라고 부탁했습니다. 그러자 예수님은 기도의 모형을 가르쳐 주셨습니다.

"아버지여 이름이 거룩히 여김을 받으시오며 나라가 임하시오며"
(누가복음 11:2).

주기도문을 보면 기도의 첫 부분이 하나님에 대한 것입니다. 하나님이 어떤 분이심을 경배하는 것입니다. "당신의 이름이 거룩히 여김을 받으시며" 그리고 하나님의 나라에 대한 기도가 나옵니다. "당신의 나라가 임하시며" 그러므로 우리는 먼저 그의 나라와 그의 의를 구하여야 합니다.

그다음에 바로 간구가 나옵니다. "오늘날 우리에게 일용할 양식을 주시고... 우리를 시험에 들게 하지 마옵시고, 다만 악에서 구하소서"(누가복음 11:3-4). 이러한 것들은 나 자신에게 필요한 개인적인 간구입니다.

이와 같이 나에게 필요한 것들이 있습니다. 하나님은 내게 필요한 것들을 하나님께 가지고 나아오기를 원하십니다. 하나님께 부족한 집세를 달라고 하거나 그 외에 내가 필요한 것들을 달라고 기도하는 것은 잘못된 것이 아닙니다.

중보기도(Intercession)

기도의 세 번째 형태는 중보기도인데, 이것은 노동에 속하는 기도입니다. 우리가 하나님을 경배하는 기도는 노동은 아닙니다. 그것은 하나님께 영광을 돌리는 일입니다. 그러므로 경배는 자연스럽게 맺어지는 하나님과의 아름다운 영적 교제입니다.

간구 또한 그렇게 큰 노동이 아닌 것은 지금 내게 필요한 것에 관심이 전부 집중되어 있으므로 쉽게 구해지는 것입니다. 그러나 중보기도를 하려면 내가 애를 써야만 하는 것입니다.

바울도 골로새 교인들에게 편지를 마무리하면서 동역자 에바브라에 대하여 "그리스도 예수의 종인 너희에게서 온 에바브라가 너희에게 문안하니 저가 항상 너희를 위하여 애써 기도하여"(골로새서 4:12)라고 기록했습니다. 여기에서 기도는 노동인 것이 기술되어 있습니다.

중보기도를 통하여 나 자신을 초월하는 기도를 하게 되는데, 이 기도는 나의 필요를 구하는 것이 아닌, 내 주위에 있는 다른 이들의 필요를 위해 기도하는 것입니다. 나는 나의 가족을 위해, 친구를 위해, 아직도 예수 그리스도를 모르는 이웃들을 위해 기도합니다. 나는 또한 그리스도의 지체들의 필요를 위해 기도합니다. 어쨌든 내가 관심을 갖고 있는 사람들의 여러 가지의 필요들을 하나님 앞에 들고 옵니다.

이렇게 중보기도를 하는 동안 나는 기도가 실제적으로 무엇인가 하는 것을 깨닫게 됩니다. 그것은 바로 기도는 영적전쟁이라는 것입니다.

전쟁(The Battle)

우리 주위에 끊임없이 일어나는 싸움이 있는데 그것은 바로 영적 전쟁입니다. 우리의 육적인 눈으로는 볼 수 없는 두 부류의 영적세계가 있습니다. 곧 선한 세력과 악한 세력입니다. 이 둘은 끊임없이 서로 싸움을 일으키며 대립합니다. 제가 중보기도를 시작할 때, 이미 나의 발걸음은 영적전쟁으로 끌려 들어가서 싸움을 시작합니다.

사도 바울은 에베소서에서 말합니다.
　"우리의 씨름은 혈과 육에 대한 것이 아니요, 정사와 권세와 이 어두움의 세
　상 주관자들과 하늘에 있는 악의 영들에게 대함이라"(에베소서 6:12)

그러므로 우리는 하나님의 전신갑주로 완전무장을 해야 합니다. 그

러므로 바울은 그리스도인들이 전쟁 때 입을 하나님의 전신갑주에 대하여 소개하고 있습니다.

사도 바울은, 우리가 육적인 전쟁을 치르고 있는 것이 아니기 때문에 우리의 전쟁무기가 육적인 것이 되어서는 안 된다고 말합니다. 만약 육적인 전쟁을 한다면 우리는 세상적인 무기들을 가져도 되겠지요. 그러나 우리는 지금 영적전쟁에 임하고 있기 때문에 우리의 무기와 갑옷은 영적인 것이어야 합니다. 그래야만 우리가 원수의 요새를 멸할 수 있습니다(고린도후서 10:4).

에베소서 6장에 언급된 영적무장을 다 갖추고 난 후 당신은 무엇을 해야 하겠습니까? 그냥 거기에 서 있기만 하면 되겠습니까? 아닙니다. 곧바로 싸움에 임해야 합니다. 그러면 어떻게 싸워야 할까요? 바울은 "모든 기도와 간구로 하되 무시로 성령 안에서 기도하고"(에베소서 6:18)라고 증거 했습니다. 그러므로 당신이 전쟁을 위한 영적 무장을 하였다면, 곧바로 돌격하십시오.

전쟁 시나리오(Battle Scenario)

영적 싸움터는 바로 이 세상입니다. 그 싸움의 목적은 세상을 주관하려는 것과 세상 속에 살고 있는 사람들의 삶을 지배하는 것입니다.

사실 세상은 예수 그리스도께 속한 것입니다. 하나님은 이 세상을 창조하여 사람에게 주셨습니다. 그러나 사람은 이 세상을 사탄에게 빼앗겨 버렸습니다. 그래서 하나님의 아들 예수께서 오셔서 이 땅을 직접 사셨습니다.

예수님은 갈보리 십자가에서 흘린 보혈을 통하여 우리와 이 세상을 완전히 구속하셨습니다. 예수께서 십자가 위에 잠시 매달려 계실 때, 사탄은 그가 완전히 멸망당한 줄로 생각했습니다. 그러나 예수님은 하나님의 계획대로 삼 일만에 부활하셔서 죽음으로부터 살아나셔서 사망 권세를 쥔 사탄을 이기고 승리하셨습니다.

사도 요한은 요한일서 3장 8절에서 예수께서 오신 것은 마귀의 일을 멸하기 위함이라고 증거했습니다. 예수님은 이 일을 십자가 위에서 그의 죽으심을 통하여 이루어 내셨습니다(히 2:14).

예수님은 사탄의 군대를 정복했습니다. 우리를 대적하는 정사와 권세와 능력을 정복하셨습니다. 그것들을 그의 십자가에 못 박으시고 이김으로써 예수님의 승리가 밝히 드러났습니다.(골로새서 2:14-15)

이제 온 세상은 마땅히 예수님께 속해 있음에도 사탄은 있는 힘을 다하여 여전히 자기의 주권과 권세를 놓치지 않으려고 애를 씁니다.

마치 하나님께서 이스라엘을 통치하는 사울의 왕위를 폐하시고, 사무엘 선지자를 통하여 다윗에게 이스라엘의 왕의 기름을 부으셨는데도, 사울은 무력으로 다윗을 그 나라에서 쫓아내고 자기가 더 이상 영위할 수 없는 왕권을 억지로 계속 쥐고 나가려 했던 것과 같습니다. 이와 같이 사탄도, 이제는 더 이상 자기의 것이 아닌 것을 계속 장악하려고 애쓰고 있습니다.

예수님은 세상을 승리로 이끄는 모든 방법을 갖고 계시지만 무력으로 하시지는 않습니다. 예수님은 사람들을 자신과 그의 왕국으로 이끌되 사랑을 가지고 이끌어 들입니다. 그러기에 이 세상에서는 개개인의 삶을 지배하려는 영적 전쟁이 계속되고 있습니다.

사탄은 엄청난 배후의 힘을 이용하여 그의 영역 안에 사람을 억압하여 가두어 놓으려 합니다. 반면에 예수님은 온유하신 사랑으로 사람들에게 다가가서 그들의 삶을 예수께 순종하도록 이끄십니다.

당신이 중보기도에 들어설 때는 이미 치열한 전쟁에 뛰어드는 것과 같습니다. 그러므로 있는 힘을 다하여 싸우지 않으면 안 됩니다. 그 이유는 당신이 흑암과 지옥의 권세를 대적하는 싸움을 하고 있기 때문입니다. 당신이 기도함으로써 원수의 요새에 서 있게 됩니다.

당신은 주변 사람들의 생활 속에서 사탄이 권세를 쥐고 있는 것을 뚜렷이 보아가면서 기도를 통하여 사탄이 개인의 삶에 둥지를 틀고 장악하고 있는 강한 요새를 하나씩 파괴해 나가야 합니다. 그것이 사탄의 권세에 포로가 된 사람들을 자유롭게 해주는 유일한 길입니다.

이런 종류의 기도, 곧 영으로 기도하는 전쟁은 정말 힘든 작업입니다. 그러므로 사도 바울이 에바브라를 말할 때 "뜨겁게 힘써 기도하는 자"라고 말한 것을 이해해야 합니다. 이러한 영적전쟁 속에서 기도가 결정적인 요소가 되는 것임을 깨닫는 것은 놀라운 일입니다.

사탄은 막강한 원수로서 완고하고 끈질긴 싸움꾼입니다. 그는 오직 그 자신이 스스로 할 수 없어 그만두어야 되겠다고 결정할 때에만 항복합니다. 그러므로 당신의 기도도 특별해야 합니다.

모호하고 일반적인 기도, 예를 들면 그냥 "하나님, 이 세상을 구원해 주소서"와 같은 기도로는 사탄을 당해낼 수 없습니다. 그러나 당신이 주님 앞에 자신의 삶을 내어놓고 그 사람에 대해 예수 그리스도의 권리를 주장하면 당신의 기도는 특별한 능력을 발휘하게 되어 사탄은 항복할 수밖에 없습니다.

"주님, 내 친구 존은 사탄의 권세에 사로잡혀 있습니다. 그의 생활은 엉망으로 얽혀있습니다. 내가 예수님의 이름과 예수 그리스도의 십자가의 승리를 가지고 사탄의 역사에 대적하여 아버지께 구하오니, 속히 사탄의 권세에 결박당한 친구를 풀려나게 해주세요. 그를 결박에서 풀어주시고, 그가 예수 그리스도의 은혜를 알게 해 주세요. 주님, 당신의 영이 그의 마음에 말씀하셔서 그를 묶고 있는 사탄의 사슬을 벗어나게 해 주세요" 이렇게 우리는 기도로서 포로로 묶여있는 마귀의 올가미에서 그들을 벗어나게 만드는 것입니다.

우리는 사탄은 매우 끈질기다는 사실을 알고 있어야 합니다. 당신이 조금 승리하는 기미가 있다 하더라도 그것을 끝까지 놓치지 않기 위해서 기도를 계속하여야 합니다. 당신이 승리했다 하는 그 순간, 사탄은 곧장 돌이켜서 그것을 다시 뺏기 위해 반격을 가하기 때문입니다. 그러므로 당신의 기도는 끈질겨야 합니다. 우리의 계속된 기도로 원수에게서 빼앗았던 것들을 움켜쥐고 있어야 합니다.

때때로 우리가 심각한 실수를 저지르는 것은 어떤 사람을 위하여 중보기도 할 경우 그의 삶 속에서 어느 정도 승리의 기미가 보일 때입니다. 그가 그리스도를 영접했고 성경도 읽기 시작했기에, 그들을 위해 하는 기도를 그만둘 때, 이는 믿음의 씨가 아직 뿌리내릴 기회를 충분히 얻기도 전에 원수가 와서 씨를 먹어버리는 것입니다. 그러므로 우리는 기도 초기 단계에 승리의 기미가 보인다 할지라도 절대로 기도를 중단하지 말고 계속해야만 합니다.

우리의 승리는 분명한 진리가 있습니다. 그것은 우리가 기도할 때에 사탄이 이미 패배를 당했다는 사실입니다. 이 진리는 우리가 전쟁을 치르긴 하지만 결과는 이미 결정된 사실입니다. 예수께서 이미 사탄을 이기셨으므로 우리가 예수 그리스도의 능력과 권세를 입고 대항하여 나아가면, 사탄은 항복할 수밖에 없습니다.

그러므로 예수 그리스도 안에서 승리의 권리를 선언하십시오. 당신이 기도라는 강력한 무기로 사탄의 요새를 대항하여 무찌른다면 당신의 하루하루의 삶은 자유롭게 될 것입니다.

하나님은 그의 자녀들 가운데서 가장 연약한 자라 할지라도, 기도를 이용할 수 있도록 하셨습니다. 그러므로 기도란, 개인의 영적 상태와는 상관없이 모든 그리스도인들이 다 사용할 수 있는 영적 도구입니다.

당신이 영적으로 거인이 아니더라도 영적전쟁에 임할 수 있습니다. 당신이 영적전쟁에 임할 때 원수를 무서워할 필요가 없는 것은, 그는 이미 패배를 당한 자이기 때문입니다.

사탄은 기도의 한마디 한마디가 그의 패배를 초래하는 것임을 잘 알고 있습니다. 그러므로 사탄은 그 어떤 것보다도 당신이 기도하지 못하도록 방해하는데 더 힘을 쓰고 당신과 다툴 것입니다.

초대교회 때 밀려오는 새신자들의 식탁을 돌보고 잠자리를 챙겨야 하므로 사도들도 바빠져서 기도에 소홀할 때 사탄이 교회 성도들 간에 다툼을 일으켰던 것처럼, 사탄은 당신이 다른 특별한 일에 더 힘을 쓰도록 유도할 것입니다. 이와 같이 사탄은 당신이 하는 그런 것들은 아무런 영적 열매를 맺을 수 없는 것을 잘 알고 있습니다.

당신이 무릎 꿇고 기도를 시작하려면 방해물들이 생기는 것에 놀라실 것입니다. 전화가 울린다든지 문밖에 어떤 사람이 찾아오기도 합니다. 또한 해야 할 다른 일이 갑자기 생각나기도 합니다.

그래서 나는 기도할 때 보통 메모지를 준비해 두고 기억해야 할 일인데 잊었던 것들이 생각나게 되면 간단히 메모해 둡니다. 그렇게 하지 않으면 생각나는 즉시 일어나서 행동하고 싶은 유혹을 받게 됩니다. 이와 같이 사탄은 당신이 기도하지 못하도록 온갖 수단을 다 동원합니다.

사실 중보기도는 엄청난 큰 노동입니다. 이 기도야말로 사탄을 향하여 싸우는 진짜 전쟁입니다. 중보기도야말로 결정적인 요소이기 때문에 사탄도 필사적으로 싸움에 임합니다.

어떤 사람이 어두운 골목에서 당신을 공격하여 맞붙어서 싸운다고 가정해 봅시다. 만약 상대가 칼을 빼 들었다면, 두 사람의 싸움은 모두 칼에 집중됩니다. 칼에 집중했기 때문에 상대방의 코를 주먹으로 날릴 생각은 완전히 잊어버리게 됩니다. 당신은 온 힘을 다해 그의 허리를 붙들고 그의 손에서 칼을 빼앗으려고 최선을 다할 것입니다. 그 이유는 당신은 이 싸움에서 칼이 결정적인 요소가 됨을 알기 때문입니다.

이와 같이 사탄은 기도가 당신에게는 승리를 갖다주고 또 자기를 패배시킨다는 것을 잘 알고 있습니다. 사탄은 기도가 영적전쟁에서 승패를 결정짓는 중요한 요소가 됨을 잘 알고 있기 때문에 사탄은 당신이 기도에 집중하지 못하도록 있는 힘을 다 쏟아냅니다. 사탄은 모든 것을 다 동원하여 당신의 기도시간을 전복시켜서 당신이 기도하지 못하도록 방해할 것입니다.

인내의 필요

당신의 기도가 즉시 응답되지 않더라도 절대로 포기하지 마십시오. 사도 바울은 골로새서에서 에바브라를 "열정적으로 기도하는 사람"으로 언급하였습니다(골로새서 4:12).

나는 에바브라가, "오, 주님, 골로새에 있는 교회를 축복하여 주옵소서. 예수님의 이름으로 기도합니다. 아멘."하고 이렇게 기도했으리라고는 생각하지 않습니다.

오히려 그는 하나님을 바라보며, 교회가 왕성하게 되고 은혜로운 교회가 될 것을 끈질기게 기도하되, 매일매일 기도하는 것을 그치지 않았을 것입니다. 야고보서 5장 16절에도 '의인의 뜨거운 기도에는 역사하는 힘이 많다'라고 기록하고 있습니다.

대부분의 경우, 우리는 조금 기도해 놓고 금방 포기해 버립니다. 그러나 사탄은 움켜쥐었던 것을 놓치기 시작할 때라도 끝까지 있는 힘을 다해 돌진합니다. 이러한 일들은 종종 우리가 기도에 힘을 쏟고 있을 때, 승리의 기미가 보여 기도의 끈을 늦출 때 나타나게 됩니다.

카니기(Mr. Carnigie)의 책 중에 "어떻게 친구들을 얻고 사람들에게 좋은 영향을 줄 수 있는가"라는 책 가운데서 다비(Mr. Darby)에 대한 흥미로운 이야기가 나옵니다. 그는 동부의 아주 부유한 보험 브로커로서 금광에 대한 열망을 갖고 콜로라도로 떠났습니다.

광산을 답사해 본 결과 로키산맥에 아주 풍부한 금맥이 있다는 것을 발견하였습니다. 그는 동부로 돌아와서 그 금광을 채굴하기 위하여 많은 친구들에게 돈을 투자하도록 설득시켜 그들과 함께 주식회사를 만들고, 금광채굴에 필요한 장비들을 사서 콜로라도의 광산을 채굴하기 시작하였습니다.

그런데 불행하게도 그 회사가 모든 빚을 갚을 즈음에 금맥이 끊어져 버렸습니다. 그 회사에 투자가들은 다시금 빚을 얻어가면서 계속 파기 시작했지만 금맥이 나오지 않자, 실의에 찬 다비 사장은 금맥 채굴을 중지시켰습니다. 결국 광산은 문을 닫게 되었고, 파산한 다비는 덴버로 가서 고물상 주인에게 광산과 장비들을 단돈 몇백

불에 모두 팔아넘기고 그는 고향으로 내려갔습니다.

싼값에 금광을 인수한 고물상 주인은 지질학자를 채용해서 광산과 그 주변 지역을 조사시켰습니다. 그런데 뜻밖에도 그 지질학자는 "지난번 다비 씨가 그만두었던 지점에서 약 1미터만 더 파서 내려가면 그전과 똑같은 광맥이 지나가고 있습니다"라고 보고하였습니다. 결국 그 고물상인은 콜로라도 주에서 제일 큰 광산업자가 되었습니다. 단 1미터만 더 팠더라면! 이와 같이 우리도 단 1미터가 부족해서 승리를 놓쳤을 때가 얼마나 많았습니까?

주의 약속을 주장함

예수 그리스도를 통하여 우리에게 주어진 기도에 대한 신비한 약속들이 많이 있습니다;

"진실로 너희에게 이르노니 무엇이든지 너희가 땅에서 매면 하늘에서도 매일 것이요 무엇이든지 땅에서 풀면 하늘에서도 풀리리라. 진실로 너희에게 다시 이르노니 너희 중에 두 사람이 땅에서 합심하여 무엇이든지 구하면 하늘에 계신 내 아버지께서 저희를 위하여 이루게 하시리라" (마태복음 18:18-19).

주께서 말씀하신 기도하는 사람의 인원은 누구든지 여러분 가운데 '두 사람'입니다. 기도하는 장소는 '땅'에서입니다. 그리고 기도의 범위는 '무엇이든지'라고 하셨습니다. "하늘에 계신 내 아버지께서 저희를 위하여 이루게 하시리라" 이것이야말로 얼마나 폭넓고 영광스러운 약속입니까! 예수님은 또 약속하셨습니다.

"하나님을 믿으라 내가 진실로 너희에게 이르노니 누구든지 이 산더러 들리어 바다에 던지우라 하며 그 말하는 것이 이룰 줄 믿고 마음에 의심치 아니하면 그대로 되리라. 그러므로 내가 너희에게 말하노니 무엇이든지 기도하고 구하는 것은 받은 줄로 믿으라 그리하면 너희에게 그대로 되리라"
(마가복음 11:22-24).

이 얼마나 환상적인 약속입니까, 주님은 또 말씀하셨습니다;
"너희가 내 이름으로 무엇을 구하든지 내가 시행하리니, 이는 아버지로 하
여금 아들을 인하여 영광을 얻으시게 하려 함이라. 내 이름으로 무엇이든
지 내게 구하면 내가 시행하리라" (요한복음 14:13-14).

무엇이든지 원하는 대로?

또 다른 약속이 있습니다;

"너희가 내 안에 거하고 내 말이 너희 안에 거하면 무엇이든지 원하는 대로
구하라 그리하면 이루리라" (요한복음 15:7).

"너희가 무엇이든지 아버지께로 구하는 것을 내 이름으로 주시리라 지금까
지 너희가 내 이름으로 아무것도 구하지 아니하였으나 구하라 그리하면
받으리니 너희 기쁨이 충만하리라" (요한복음 16:23-24)

여기서 구하라는 말은 헬라어로 굉장히 강한 어구입니다. '제발 구
하라'는 뜻입니다.

여기서 주님은 무엇이든지 그에게 구하라고 당신에게 간절히 권고
하고 있습니다. 그러면 그가 해주시겠다고 말씀하십니다. 이렇게
크고도 굉장한 약속이 기도에 있습니다. 과연 이 약속은 누구에게
하신걸까요? 예수님은 거기 있는 군중들에게 말씀하시지 않았습니
다. 이 약속은 모두 제자들에게 하신 것입니다.

그러면 누가 제자의 자격이 있을까요? 예수님은 "아무든지 나를 따

라 오려거든 자기를 부인하고 자기 십자가를 지고 나를 좇을 것이 니라"(마태복음 16:24)라고 말씀하셨습니다. 그러므로 자기를 부 인한 사람, 자기의 십자가를 진 사람, 그리고 예수님을 따르는 사람 이라면 이 약속들을 받을 수 있고 또한 이루어 달라고 주장할 수 있 습니다. 이런 사람이 무엇이든지 구하고 바라고 소원하는 것은 다 이루어 주실 것입니다.

여기서 '자신을 부인한 자들'이란 자기의 육신을 영광스럽게 하는 일들을 구하지 않는다는 뜻입니다. 또한 제자들이 자기의 십자가를 졌다는 사실은 자신의 영광을 추구하지 않고 오히려 자신은 그리스 도와 함께 죽었다고 생각하는 자들을 말합니다. 그들이야말로 지금 하나님이 원하시는 일들과 일체된 제자들인 것입니다.

자기 자신, 자신의 욕망을 버리고 자신의 생애를 완전히 예수 그리 스도께 헌신한 자들, 그들이 드리는 진정한 기도는 항상 들어 주시 지만 우리는 예수께서 그러셨던 것처럼 반드시 "그러나, 나의 원대 로 마옵시고 아버지의 뜻대로 하소서"라고 기도해야 합니다. 이와 같이 자기를 부인하고 자기의 십자가를 지고 예수 그리스도를 따르 는 제자들의 기도는 하나님의 약속하신 것들을 받을 수 있습니다.

만약 응답이 없을 때

주님께서 우리가 구하는 것을 주시지 않을 때는 우리의 생애에 주 님보다 더 높은 다른 목적이 있기 때문입니다.

모세는 약속의 땅으로 들어갈 수 있게 해 달라고 하나님께 기도했 습니다. 하나님은 말씀하시기를 "안 돼, 모세야! 너는 이 백성을 위 하여 그 땅에 들어갈 수가 없어. 너는 나의 백성들 앞에서 나를 잘 못 나타내었다. 그러므로 이제 저들도 순종에 대한 교훈을 배워야 한다." 이와 같이 모세는 하나님과 얼굴을 대면하며 교감을 나누던 영적 거인이었지만 결국은 약속의 땅으로 들어가는 허락을 받지 못하였습니다(민수기 20:7-12).

그 이후 이스라엘 사람들은 수 세기 동안 모세의 이야기를 자녀들에게 들려주기를, 그는 하나님의 사람으로서 애굽에 있는 이스라엘 백성들을 구원하여 자기의 땅으로 인도하신 하나님이 사용하신 사람이라고 말해줍니다. 그가 지팡이를 내밀 때 홍해가 갈라졌다고 말해줍니다,

또한 부모들은 모세는 거룩한 산에 올라가서 불과 천둥소리 가운데서 하나님의 율법을 받은 사람이라고 말해주며 그때 모세의 얼굴이 너무나 강력한 빛이 나서 수건으로 얼굴을 가리지 않을 수 없었다고 말해줍니다. 그리고 속삭이는 어조로 "그런 모세였지만 약속의 땅에 들어가지 못한 것은 하나님께 불순종했기 때문이란다."라고 말해줍니다. 이와 같이 하나님은 이스라엘의 장래의 세대들에게 하나님을 향한 완전한 순종의 중요성을 교훈하기 위해서, 사랑하는 종 모세의 기도에 응답하지 않으셨습니다.

나는 사도 바울의 육체 속의 가시에 대해서도 생각해 봅니다. 그는 하나님께 "이것이 내게서 떠나기 위하여 내가 세 번 주께 간구하였다" 증거 했습니다. 그러나 하나님은 그를 고쳐 주지 않았습니다. 왜 그랬을까요? 하나님은 바울에게 많은 계시들을 보여 주셨으므로, 그를 겸손하게 하기 위해 육체의 가시가 꼭 필요했던 것입니다. 바울은 다음과 같이 증거했습니다.

"내 육체에 가시 곧 사단의 사자를 주셨으니, 이는 나를 쳐서 너무 자고하지 않게 하려 하심이니라 이러므로 도리어 크게 기뻐함으로 나의 여러 약한 것들에 대하여 자랑하리니 이는 그리스도의 능력으로 내게 머물게 하려 함이라"(고린도후서 12:7-10)

사실 바울이 그를 괴롭히는 육체의 가시로 기뻐하는 것을 배울 수 있었던 것은, 자기의 약함으로 인하여 하나님의 능력을 체험할 수 있었기 때문입니다. 여기서 응답되지 못한 예수님의 기도를 생각해 봅시다.

"아버지여, 만일 할 만하시거든 이 잔을 내게서 지나가게 하옵소서."
(마태복음 26:39).

예수님은 겟세마네 동산에서 피와 땀을 흘리며 세 번씩이나 다음과 같이 기도했습니다. 그런데도 예수님은 결국 십자가를 지셨습니다. 왜 그랬을까요? 그 이유는 하나님은 우리 모두를 다 구원하시기 원하셨던 것입니다.

여기서 우리가 주목해야 할 것은 예수님도 비록 자신의 기도를 아버지께 드렸지만 모든 기도마다 "그러나 내 뜻대로 마옵시고, 아버지의 뜻대로 하옵소서."(누가복음 22:42) 하셨습니다. 이것이 바로 하나님의 뜻대로 사는 순종과 모든 문제를 여는 기도의 열쇠입니다. 그러므로 우리는 "주님, 여기 제가 원하는 것이 있습니다. 여기 나의 소원이 있습니다. 그러나 나의 뜻대로 마시고 아버지의 뜻대로 하옵소서." 라고 기도해야 합니다. 이보다 더 좋은 기도는 없습니다. 그 이유는 기도의 진정한 목적은 내 뜻을 이루는 것이 아니고 하늘의 아버지의 뜻을 이루게 하는 것이기 때문입니다.

효력이 없는 기도

우리들의 많은 기도 가운데 효력이 없는 기도도 있습니다. 아무리 기도를 해도 결실이 없습니다. 기도를 드려도 응답되어 내려오는 것이 없습니다. 그러나 분명한 것은 하나님은 기도에 응답하시는 분이십니다. 이 진리는 모든 기도의 배후에 깔려있는 절대 사상이 기도 합니다. 만약 하나님께서 기도에 절대로 응답하시지 않는다면 아무도 더 이상 기도하지 않을 것입니다. 그런데 왜 우리가 드리는 많은 기도들이 응답받지 못하는 것일까요?

그것은 몇 가지 잘못된 요소들이 당신의 기도를 응답받지 못하게 방해하고 있는 것입니다. 무엇보다도 먼저, 당신의 생활 속에 죄를 품고 있으면 당신의 기도는 응답 받지 못하게 됩니다. 이사야 선지자가 말했습니다.

"여호와의 손이 짧아 구원치 못하심도 아니요, 귀가 둔하여 듣지 못하심도 아니라. 오직 너희 죄악이 너희와 너희 하나님 사이를 내었고, 너희 죄가 그 얼굴을 가리워서 너희를 듣지 않으시게 함이니"
(이사야 59:1-2)

나도 기도가 자주 응답되지 않을 경우, 하나님에게 탓을 돌리고 싶을 때가 있습니다. 그러나 실제로는 내게 잘못이 있는 것입니다. 이는 나에게 죄가 있다는 것입니다. 다윗도 다음과 같이 증거 했습니다.

"내가 내 마음에 죄악을 품으면 주께서 듣지 아니하시리라"(시편 66:18)

이사야가 말한 것처럼 죄는 하나님과 당신의 관계를 깨뜨립니다. 그것은 마치 끊어진 전화선과 같습니다. 당신은 통화하기 원하는 전화번호를 돌릴 수는 있습니다. 그리고 아주 유창하고 설득력 있는 용어를 써가면서 말할 수도 있습니다. 그러나 선이 끊어져 있다면 당신이 한 모든 말은 다 땅으로 떨어지고 다시 주워 담을 수 없습니다.

이런 시점이라면, 당신의 기도는 신뢰할 수 없게 되고 맙니다. 많은 사람들이 "나는 그렇게 살아서는 안 되는 것을 알고 있지만, 그래도 계속 기도는 하고 있어요"라고 말합니다. 그런 사람의 기도는 아무 의미가 없습니다. 그의 삶 속에 죄악 때문에 하나님과의 관계가 심각한 상태가 되어버린 것입니다. 그의 죄악이 하나님과 그의 관계를 분리시켜버렸기 때문입니다.

기도해도 효력이 없는 또 다른 이유는 용서하지 않는 마음 때문입니다. 예수님은 용서에 대해 많이 가르치셨습니다. 그는 기도의 모범을 우리에게 주실 때도 마지막에 꼭 한 가지를 강조하셨습니다. 용서해 주는 것이 대단히 중요한 것은 형제를 싫어하는 마음을 품고 하나님께 나아온다면, 당신의 기도는 하나님께 열납될 수 없습니다.

"너희가 사람의 과실을 용서하지 아니하면 너희 아버지께서도 너희 과실을
용서하지 아니하시리라"(마태복음 6:15)."

응답받지 못하는 기도의 또 다른 이유는 자기중심적인 동기가 될 수 있습니다. 야고보는 "너희가 얻지 못함은 구하지 아니함이요"(야고보서 4:2)라고 증언했습니다.

가끔 사람들은 나를 찾아와 비참한 자신의 상황을 쏟아놓습니다. 그때 나는 "당신은 하나님께 기도해 보셨습니까?"라고 묻습니다. 그때 대부분의 사람들은 "글쎄요" 또는 "아니요"라고 답합니다. 그러나 알아야 할 것은 바로 그때가 당신이 기도를 다시 시작해야 할 지점입니다.

당신이 구하는 것이 정당한 것이라 할지라도 기도하지 않았기 때문에 얻지 못한 것입니다. 그럼에도 솔직히 말해서 대부분의 신자들이 기도하지 않은 것은 사실입니다.

야고보는 계속하여 "구하여도 받지 못함은…" 여기에서 응답되지

못하는 장애 요소가 언급됩니다. 바로 "정욕으로 쓰려고 잘못 구함이다"(야고보서 4:3). 많은 경우 기도의 내면에는 이기적인 욕구가 숨어 있습니다.

내가 고등학교 다닐 때, 하나님께 여러 가지 기능을 가진 멋진 36형 포드 자동차를 달라고 기도했습니다. 아! 얼마나 그 차를 갖고 싶었던지, 나는 하나님께 그 차를 주시면 하나님을 위하여 어떤 선한 일이든 다 하겠다고 약속했습니다. 심지어 주일학교 시간마다 아이들을 다 교회에 실어 오겠다고도 했습니다. 그러나 만약 그때 하나님께서 내게 차를 주셨다면 얼마나 후회하셨을까요?

결국 나는 차를 받지 못했습니다. 그 이유에 대하여 나는 잘 알고 있지요. 하나님은 내 마음을 꿰뚫어 보신 것입니다. 내가 그 차를 몰고 시끄럽게 소음을 내면서 고등학교 주위를 맴돌며 예쁜 여학생들의 눈길을 끌고 다닐 것을 미리 아셨기 때문입니다. 하나님께서는 기능 좋은 36형 포드차가 나를 교만에 들뜨게 할 것을 미리 아셨습니다. 그래서 나에게 36형 포드가 아닌 별로 인기 없는 A형 모델의 자동차를 주셨던 것입니다.

이와 같이 대부분 우리의 기도는 자기중심적입니다. 내가 앞서 말씀드렸듯이 하나님께서는 우리에게 필요한 것을 모두 제공해 주시기를 원하십니다. 그러므로 모든 필요를 위해 기도해야 합니다. 그러나 주의할 점은 모든 나의 기도 이면에 숨어있는 동기가 이기적인 것이 되지 않도록 조심해야 합니다.

도움이 되는 몇 가지 힌트들

여기서 내가 발견한 효과적인 기도의 몇 가지 법칙을 제시하고자 합니다. 무엇보다도 먼저, 하나님의 뜻을 당신의 기도로 정하십시오. 어떻게 그렇게 할 수 있을까요? 하나님의 뜻을 하나님의 말씀 안에서 발견하십시오. 하나님은 당신을 향한 그분의 뜻과 목적과 계획을 성경에서 제시하고 있습니다.

그리고 당신의 기도 속에 성경 말씀이 차지할 수 있는 자리를 내어 드리십시오. 많은 경우 기도는 독백일 경우가 많습니다. 내내 당신의 말만 할 뿐입니다. 그렇다면 그것은 교제가 아닙니다. 교제란 대화이며, 하나님께서는 그의 말씀을 통하여 당신에게 말씀하시고, 또한 귀 기울여 들으시는 것입니다.

하나님께 당신의 필요와 당신 주위의 사람들이 필요로 하는 것들을 말씀드리십시오. 당신이 보는 것, 느끼는 것, 소원하는 것을 하나님께 표현하십시오. 그리고는 기도와 관련된 하나님의 말씀을 근거로 펼치십시오. 그러면 하나님께서 당신에게 말씀하실 것입니다. 하나님은 당신을 도우실 것이며 당신 생애에 대한 그분의 뜻과 계획을 보여 주실 것입니다.

그리고는 다시 하나님께로 나아가십시오.
"오, 주님. 여기 당신의 말씀 속에 그 문제에 대한 해답이 있습니다. 그러므로 이것은 당신께서 원하시는 것임을 볼 수 있는 것이 기에 나는 예수 그리스도의 이름으로 구합니다."

또한 당신은 하나님께서 당신에게 성령을 통하여 말씀하시는 음성에 귀 기울여서 알아듣는 법을 배우십시오.

창세기 32장을 보면, 야곱은 자기를 죽이고자 맹세한 형 에서가 군사 400인을 거느리고 자기를 맞으러 나온다는 소식을 듣고 생명에 위협을 느꼈습니다. 그래서 그는 기도하게 되었고, 기도하는 중에 하나님이 자기에게 약속하신 것이 생각났습니다. 그래서 야곱은 하나님이 자기에게 주신 말씀의 바탕 위에서 기도하였습니다.

"나의 조부 아브라함의 하나님, 나의 아버지 이삭의 하나님 여호와여 주께서 전에 내게 명하시기를 네 고향, 네 족속에게로 돌아가라 내가 네게 은혜를 베풀리라 하셨나이다"(창세기 32:9)

또한 기도란, 예수님의 이름의 권세로 아버지께 말씀드리는 것입니다. 실제로 하나님께서 당신의 말을 들어주어야 할 아무런 의무나 책임은 없습니다. 그러한 특권을 가질 아무런 이유가 당신에게는 없습니다.

아버지가 당신의 말을 들어줄 수 있는 오직 한 길은 예수 그리스도를 통하는 길뿐입니다. 그러므로 예수님께서도 "내가 곧 길이요 진리요 생명이니 나로 말미암지 않고는 아무도 아버지께로 올 자가 없느니라"(요한복음 14:6) 말씀하셨습니다.

그러므로 아버지께 당신의 필요한 것을 구하되 예수 그리스도의 이름으로 구하십시오. 당신이 하나님 앞에 올 수 있는 권리와 기도를 들으시고 받아주실 수 있는 길은 오직 예수 그리스도를 통해서입니다. 그러므로 당신이 하나님이 거하신 하늘 문을 두드릴 때 예수님의 이름을 사용하여야 합니다.

나는 하나님의 문을 두드릴 때 이렇게 말합니다.
"아버지, 척 스미스가 여기 왔습니다. 아버지께 이야기하고 싶은게 있는데요." 그러면 하나님은 곧 이렇게 대답하시겠지요.
"척 스미스가 누구지? 네가 무슨 권리로 내 집 문을 두드리니?"
그때·나는 마음을 고쳐 먹고 다시 문을 두드리면서,
"아버지, 나는 척 스미스인데요. 예수님의 이름으로 왔어요."
그러면 하나님은 곧바로,
"오, 척 스미스 어서 오나라. 무슨 말인지 들어 보자꾸나."라고 하실 것입니다.

당신의 무기를 사용하십시오.

승리는 다른 어떤 수단보다도 기도를 통하여 더 많이 일어납니다. 하나님께서 우리에게 그와 같은 능력의 무기를 주셨는데도 우리가 거듭거듭 패배하기만 하는 것은 큰 충격이 아닐 수 없습니다. 문제는 우리가 비록 그 무기를 소유하고 있긴 하지만 거의 사용하지 않는 데 있습니다.

그리스도인으로서, 우리는 종종 우리의 무기를 보호하려고 애쓰는 때가 많습니다. 예를 들면, 사람들이 성경을 가지고 논쟁할 때 우리는 성경을 보호하려 듭니다. 그러나 성경은 아주 큰 무기로서 양쪽에 날인 선 칼입니다. 그러므로 성경을 보호하려 하지 마시고 사용하십시오.

당신이 만약 싸움 중이라면 다음과 같은 말은 하지 마십시오. "당신은 이 칼을 주의 깊게 보시는 것이 더 좋을 것입니다. 보세요, 이 칼은 우리 도시에서 칼날이 제일 날카롭습니다. 숫돌에 갈려서 너무나 날카롭지요." 이렇게 당신은 이 칼을 보호하지 마십시오. 당신의 무기로 사용하십시오!

이와 같이 우리는 항상 기도라는 무기에 대하여 말만 합니다. 그러나 기도에 대하여 말만 하지 마시고 그냥 기도하십시오. 하나님이 당신에게 주신 무기를 사용하십시오. 그러면 당신은 원수를 이길 것입니다!

제 2 장

기도의 목적

그가 나를 쉴만한 물가로 인도하시는도다

우리에게는 어느 정도의 기도가 필요할까요! 그것에 대해서는 언급하지 마십시오. 기도에 대한 강의도 하지 마십시오. 오직 행할 것은 기도의 특권을 실제로 행사하십시오.

인내의 필요

바울은 "기도를 항상 힘쓰고"(골로새서 4:2)라고 권고 했습니다. 헬라어로 "항상 힘쓰고"라는 말은 '인내와 지속성'을 뜻합니다. 기도하되 성실하게 변함없이 구준히 계속하라는 말씀입니다.

그러면 기도하는데 왜 이러한 인내가 필요합니까? 어떤 사람들은 똑같은 필요를 위해서 반복해서 기도를 더 한다는 것은 자신의 믿음의 부족함을 나타내는 것이라고 말합니다. 그러나 겟세마네 동산의 예수님도 같은 기도를 세 번씩이나 하셨습니다(마태복음 26:39-44).

마찬가지로 바울도 자신의 몸의 가시를 말하면서 "이것이 내게서 떠나가기 위하여 내가 세 번 주께 간구하였더니"(고린도후서 12:8)라고 했습니다.

또한 예수님께서도 기도에 대한 인내를 가르치시면서 두 가지 비유를 사용하셨습니다. 첫 번째 비유에서 예수님은 "항상 기도하고 낙망치 말아야 될 것을"(누가복음 18:1) 말씀하실 때, 냉정한 재판관과 결단력 있는 과부의 이야기를 예화로 들었습니다. 그 과부는 재판관을 매일 찾아가서 "내 원수에 대한 나의 원한을 풀어주소서" 호소하였습니다.

그 재판관은 하나님을 두려워 아니하며 사람을 무시하는 자였으나, "이 과부가 매일 와서 나를 번거롭게 하는구나!" 하면서 이 과부에게 원하는 대로 판결문을 써 주었습니다. 이 비유를 하시면서 예수님은 우리에게 "하물며 하나님께서 그 밤낮으로 부르짖는 택하신 자들의 원한을 풀어주지 아니하겠느냐… 내가 너희에게 이르노니 속히 그 원한을 풀어주시리라"(누가복음 18:2-8) 말씀하셨습니다.

처음에 나는 예수께서 불의한 재판관을 공의로우신 하나님을 비교하여 예화로 사용하신 것을 이해하기가 어려웠습니다. 그러나 그 예화는 실제적으로 큰 대조를 보여주고 있습니다. 불의한 재판관이라 할지라도 한 여인의 끈질긴 행동 때문에 그에게 유리하도록 재판을 해 주었다면, 하물며 의로우시고 사랑이 많으신 아버지가 자기에게 부르짖는 자녀들에게 의로운 재판을 즉시 해주시지 않겠는가 하는 사실입니다.

주님은 두 번째로 끈질긴 인내의 기도에 대한 비유로서, 한밤중에 자기 집의 문을 두드리는 소리를 들었던 사람입니다. 그가 문을 열어보니 친구 가족이 밤을 지내려고 찾아왔습니다. 그들이 잠자리에 들기 전에 먹이고 싶어서 찬장을 열어보니 빵이 부족했습니다. 그래서 그는 이웃집에 가서 문을 두드렸습니다. "문 좀 열어주시오. 그리고 빵 좀 주시오! 친구가 왔습니다" 간청했습니다.

이웃 사람은 "난 벌써 아내와 아이들과 함께 잠자리에 들었소. 귀찮게 하지 마시오" 그러나 이 사람은 그가 필요한 것을 받을 때까지 계속 문 두드렸습니다. 이 사람의 끈질긴 요구 때문에, 결국 이웃 사람은 잠자리에서 일어나 그에게 빵을 주었습니다(누가복음 11:5-10).

이와 같이 성경은 우리에게 기도할 때에 끈질긴 인내를 가지라고 가르치고 있습니다. 그 말은 하나님을 우리의 뜻대로 하게 하시도록 계속 조르라는 뜻인가요? 또는 하나님은 우리에게 응답해 주기를 별로 달가워하시지 않는데도 우리가 지겹도록 끈질기게 기도함으로써 하나님이 우리의 요구를 마지못해 들어주시도록 하라는 것인가요? 나는 그렇게 생각지 않습니다.

분명한 것은 당신이 아무리 기도를 뜨겁게 하고 눈물로 호소하며 여러 날을 기도로 채운다고 할지라도 그러한 기도가 하나님의 목적을 변경시킬 수는 없습니다.

하나님은 당신을 너무나 사랑하시기에 당신이 원하는 것을 들어 준다면 결국은 망할 것을 뻔히 아시는데, 당신이 울면서 끈질기게 기도한다고 해서 응답해 주시지는 않습니다. 이와 같이 기도가 하나님의 목적을 변경시킬 수는 없습니다. 그러나 기도가 하나님의 행동, 곧 방법은 변경시킬 수 있습니다.

예수님께서는 "구하기 전에 너희에게 있어야 할 것을 하나님 너희 아버지께서 아시느니라"(마태복음 6:8) 말씀하셨습니다. 이는 당신의 기도하는 목적이 하나님께 당신이 처한 상황을 알려드리는 것이 아니라는 뜻입니다.

당신이 기도하기도 전에 하나님은 이미 당신이 필요한 모든 것을 다 알고 계십니다. 그러므로 당신의 기도는 하나님께 문을 열어드려서 하나님이 당신을 통해서 하고 싶어 하셨던 일들을 하실 수 있도록 하는 것입니다. 그러므로 하나님은 주께서 계획했던 뜻을 꺾어 가면서까지 어떤 일을 행하지 않습니다.

요한복음 15장 16절에서 예수님은 제자들에게 "너희가 나를 택한 것이 아니요, 내가 너희를 택하여 세웠나니 이는 너희로 가서 과실을 맺게 하고, 또 너희 과실이 항상 있게 하여 내 이름으로 아버지께 무엇을 구하든지 다 받게 하려 함이라"라고 말씀하셨습니다.

여기서 기억하실 것은 하나님은 당신에게 주시는 분이시라는 것입니다. 하나님은 당신에게 필요한 바를 다 아시고 그 필요를 채워주시기를 원하십니다. 따라서 기도하는 것은 하나님께 문을 열어드려 하나님께서 당신을 통해서 하시고자 했던 일을 행하시도록 문을 여는 것입니다. 이와 같이 기도란 하나님께서 나의 생애에 하시고자 예정하신 것을 행하시도록 길을 트는 것입니다.

하나님은 내게 자유의지를 주셨으므로, 그분은 나의 자유의지를 꺾기를 원치 않으십니다. 그러므로 나는 받기 위하여 구해야 합니다. 하나님은 내가 일 년 후에 어떤 특별한 것이 필요할지를 다 아십니다. 하나님은 나의 모든 필요를 정확하게 미리 아시는 분이십니다.

지금의 나는 한 달 후에 필요한 것이 무엇인지도 모릅니다. 하나님은 내가 일 년 후에 필요한 것을 오늘 주실 수도 있는데 그렇게 되면 하나님이 사용하시고자 하는 뜻과 다르게 사용할 수도 있습니다. 그러므로 나는 필요한 것이 깨달아질 때야 비로소 하나님께 구하기를, "지금 필요합니다. 도와주세요."라고 부르짖습니다.

나는 항상 뒤늦게야 그 문제를 알게 됩니다. 그러나 하나님은 항상 그 문제를 이미 알고 계셨습니다. 그러나 내가 이제라도 깨달은 마음으로 하나님께 도움을 구한다 하더라도 하나님은 마음껏 채워주십니다. 그 이유는, 내가 하나님의 의도대로 사용할 것을 아시기 때문입니다.

하나님의 때

때때로 우리 기도는 말을 내뱉자마자 빨리 응답되는 때도 있습니다. 아브라함이 특별한 심부름으로 보내었던 그의 종 엘리에셀이 그랬습니다.

이삭의 아내를 구하기 위하여 그가 라반의 집 근처의 우물가에 왔을 때 엘리에셀은 기도하기를 "주여, 어떤 소녀가 물 길으러 나아 올 때, 나로 물을 마시게 하라고 말하면, 그녀의 대답이 당신에게뿐 아니라 약대에게도 마시우리라 하면 그는 주께서 주의 종 이삭을 위하여 정하신 자로 알겠습니다." 기도하였습니다.

그런데 흥미롭게도 엘리에셀의 마음의 기도가 채 끝내기도 전에 한 소녀가 우물에 물 길으러 왔습니다. 그는 그 소녀에게 청하여 '나로 물을 마시게 하라'하니, 그 소녀는 급히 그 항아리를 머리에서 내려 물을 떠서 마시게 하였고, 내가 '약대도 물을 마시게 하지요' 하면서 약대들을 위해서도 물을 마시게 하였습니다(창세기 24:1-20).

이 이야기는 우리에게 항상 전율을 느끼게 하며 즉각적인 응답에 대한 아름다운 이야기 중 하나입니다. 이와 같이 우리의 마음의 기도가 채 끝나기도 전에 하나님은 즉시 응답하실 수 있습니다. 그러나 수년 동안 우리의 필요를 하나님께 구하는 중인데도 아직도 응답받지 못하고 있는 것도 또한 사실입니다.

그러면 왜 어떤 기도는 그렇게 빨리 응답받고 어떤 기도는 그 응답이 늦어지나요? 또 우리가 어떤 사람을 위해 기도할 때 치료된 사람이 있는가 하면, 어떤 사람은 아무리 기도해도 죽어버리는 경우도 있습니다.

무엇보다도 먼저 이러한 모든 것은 우리가 다 그런 환경과 상황을 다스릴 수 없다는 것을 보여 줍니다. 하나님의 다스림 속에 모든 것이 있으며, 하나님은 하나님의 목적과 뜻에 따라 행하신다는 사실입니다. 그러므로 우리가 기도한다고 해서 하나님의 목적을 바꿀 수 있다고 생각해서는 절대로 안 됩니다.

기도에 대하여 우리가 아주 잘못 생각하고 있는 것 중의 하나는 우리가 기도함으로써 하나님의 생각을 바꾸게 한다든지, 하나님의 목적을 변경시킨다든지 또는 내 뜻을 이루게 할 수 있다고 생각하는 것들입니다. 그러나 기도하는 진정한 목적은 하나님의 뜻을 이루게 하는 것입니다. 하나님께서 목적대로 일을 이루실 수 있도록 하나님께 문을 열어 놓는 것입니다.

그러므로 참된 기도는 하나님의 심중에서 시작된다는 결론을 짓게 됩니다. 하나님께서는 우리에게 그의 목적과 소원 그리고 소망들을 알게 해 주십니다. 그러면 나는 그것을 다시금 하나님께 기도함으로써 그 기도의 사이클은 완성됩니다. 내가 이러한 자세로 기도할 때, 나는 하나님의 뜻과 일치를 이루게 됩니다.

요한1서 5:14,15에는 이렇게 기록되었습니다;

"그를 향하여 우리의 가진바 담대한 것이 이것이니, 그의 뜻대로 무엇을 구하면 들으심이라. 우리가 무엇이든지 구하는 바를 들으시는 줄을 안 즉 우리가 그에게 구한 그것을 얻은 줄을 또한 아느니라"

나는 실제로 기도하다가 자주 변합니다. 그러나 내가 기도할 때에 하나님은 내게 말씀해 주시는 경우가 많았습니다. 지나고 보면 하나님이 내게 보여주시는 그의 뜻이나 그의 계획은 내가 마음에 생각하는 것보다 훨씬 더 나은 것들입니다.

기도하는 동안, 하나님은 내가 고집하는 어떤 일들과 실제로 하나님께 요구하는 것들이 얼마나 어리석은 것들인가를 보여주시면서 나를 다스리십니다.

그럴 때 나는, "하나님, 지난 5년 동안 응답해 주시지 않은 것을 너무나 감사드립니다"라고 대답합니다. 하나님은 항상 내게 무엇이 가장 최선의 것인지 잘 알고 계셨기 때문입니다. 나의 인생의 현시점에서 과거를 되돌아보건대, 하나님께서 내 기도에 응답하신 만큼이나 또한 응답해 주시지 않은 사실도 얼마나 감사한지 모릅니다.

하나님은 이 땅에 대한 계획을 갖고 계시면서 그의 일을 이루는 도구로써 인간을 선택하셨습니다. 어떤 사람들은 하나님은 오직 인간을 통해서만이 일하실 수 있다고 말합니다만 그건 그렇지 않습니다. 하나님은 인간을 다만 사용하시기 위해 선택하시는 것입니다. 하나님은 자신이 원하시는 것은 얼마든지 하실 수 있는 분이십니다. 인간이라는 도구에 따라 한계가 있는 분은 아닙니다. 우리는 혹시 실패할지라도, 하나님은 실패하지 않으십니다.

역사 가운데서 하나님은 이 땅에서 자기의 일을 행하시는데 천사들을 사용하실 때도 있었습니다. 소돔과 고모라를 멸망시킬 때를 보십시오. 그러므로 우리는 사람들이 하나님의 목적을 이루어 드리지 못한다고 해서 그들에게 무거운 책임감을 안겨주어서는 안 됩니다.

우리는 때때로 다음과 같이 말을 들을 때가 있습니다. "하나님의 목적을 돕지 못하여, 하나님의 계획을 수행하지 못하게 되면 그 책임은 당신에게 있습니다! 훗날 당신은 하나님 앞에 서서 그 실패에 대해 대답을 해야 합니다!" 이 말은 옳지 않습니다. 하나님은 자신의 목적을 이 방법이 아니면 저 방법으로 바꾸시더라도 일을 이루어 나가실 것입니다.

하나님의 뜻을 수행하는 데 당신을 사용코자 선택하게 되면, 당신은 하나님과 함께 일하면서 누리는 기쁨의 기회를 얻는 축복을 받게 됩니다. 그 결과, 하나님은 마치 당신이 일한 것처럼 상급을 주십니다. 당신이 천국에 갔을 때, 일은 모두 하나님이 다 하셨지만 마치 당신이 한 것처럼 그 모든 성취했던 것들에 대한 상급을 받게 됩니다.

남아있던 유대인들이 왕이 내린 죽음의 명령으로 생사에 위협을 받고 있을 때 모르드개는 에스더에게, "이 때에 네가 만일 잠잠하여 말이 없으면 유다인은 다른 데로 말미암아 놓임과 구원을 얻으려니와 너와 네 아비 집은 멸망하리라…"(에스더 4:14)고 경고했습니다. 모르드개는 에스더에게 지금 유대인들을 몰살하려는 이때, 네가 아무리 왕궁에 산다 할지라도 너도 그 칙령에서 벗어날 수 없을 것이라고 말한 것입니다.

그와 마찬가지로, 당신이 하나님의 뜻을 이루지 못한다고 하더라도, 당신을 통해서 하시고자 했던 일은 다른 사람을 통해 이루게 됩니다. 이와 같이 당신은 하나님과 함께 동역하는 영광스러운 축복과 그 상급을 잃어버리게 될 뿐이지 하나님의 계획과 목적은 실패하지 않습니다.

하나님은 당신을 축복하기 원하신다

역대하에서 아사 왕이 하나님께 부르짖었던 이야기가 나옵니다. 그가 처음 왕좌에 앉았을 때, 왕은 대단히 어려운 환경에 처하게 되었습니다. 구스 사람이 100만 군사와 병거 300승을 거느리고 침략했던 것입니다.

아사왕은 다음과 같이 하나님께 부르짖었습니다;
 "여호와여 강한 자와 약한 자 사이에는 주 밖에 도와줄 이가 없사오니 우리 하나님 여호와여 우리를 도우소서 우리가 주를 의지하오며 주의 이름을 의탁하옵고 이 많은 무리를 치러 왔나이다 여호와여 주는 우리 하나님이시오니 원컨대 사람으로 주를 이기지 못하게 하옵소서 하였더니"(역대하 14:11)

왕은 사람과의 전쟁에서 살아남는다고 해도 그것이 하나님께는 아무런 의미가 없다는 것을 알았습니다. 만약 하나님이 우리와 함께하시면 누가 우리를 대적하겠습니까? 하나님이 아사와 함께하시므로, 아사 왕은 나가서 구스군대를 모두 멸했습니다.

아사 왕이 승리하고 돌아왔을 때 아사랴 선지자가 그를 맞으며 말하기를;

"너희가 여호와와 함께 하는 한, 여호와께서 너희와 함께 하시리라 너희가 여호와를 찾으면 저가 너희의 만난 바 되시려니와 너희가 저를 버리면 저도 너희를 버리시리라"(역대하 15:2).

아사왕이 하나님과 함께 할 때는 번영하여 아주 힘세고 강한 나라가 되었습니다. 그러나 그의 통치 말기에 그는 또다시 위협을 받게 되었습니다. 이번에는 북이스라엘의 바아사 왕이 유다를 치러 올라와서 예루살렘의 북쪽 성들을 건축하며 위협하였습니다.

이때 아사 왕은 왕궁의 곳간에서 은금을 취하여 아람 왕 벤하닷에게 보내어 북에서 온 이스라엘을 공격해 달라고 부탁하였습니다. 이렇게 하여 유다를 침공했던 바아사는 북쪽 경계까지 밀려나 군대를 철수하게 되었습니다.

우리가 보기에 그 전략은 참으로 현명하였고 성공하였습니다. 그러나 그는 기도로 하나님께 구하기보다는 오히려 인간의 도움을 구했던 것입니다.

그때 선지자는 왕에게 나아와 그의 통치 초기에 구스 군대가 침략하였을 때 하나님이 어떻게 도우셨던가를 상기시키면서 이렇게 깨우쳐 주었습니다.

"여호와의 눈은 온 땅을 두루 감찰하사 전심으로 자기에게 향하는 자를 위하여 능력을 베푸시나니"(역대하 16:9)

여기서 성경은 기본적인 하나님의 진리를 전해주고 있습니다. 하나님은 축복할 자를 찾고 계시다는 것입니다. 하나님은 당신 생애를 통하여 일하기를 원하며 복 주시기를 원하십니다. 그러므로 하나님은 그의 도구의 하나로서, 그의 통로의 하나로서 당신을 사용하기를 원하십니다.

이와 같이 하나님은 당신이 하나님의 계획안에 같이 동참하도록 당신을 기다리고 계십니다. 당신의 삶이 하나님의 목적과 일치를 이루는 순간, 당신은 하나님의 능력과 사랑이 필요한 세상 속에 그것들을 흘려보내는 통로가 되는 것입니다.

이와 같이 하나님은 누군가의 마음이 하나님의 소원과 일치가 되는 한 사람을 찾고 계십니다. 그러므로 가장 강력한 기도는 "하나님이여, 저의 뜻이 하나님의 뜻에 일치되게 하소서"라고 해야 합니다. 그것보다 더 나은 기도는 없을 것입니다. 그러나 입술로는 그렇게 할 수 있을지 몰라도 그러한 기도는 진정한 마음에서 우러나와야 할 것입니다. 그러므로 그런 기도가 결코 쉬운 것은 아닙니다.

한 세상 살다보면 이루고 싶은 일들이 많고, 또 내 기도 가운데 많은 부분이 이기심에서 나온 것들입니다. 그래서 우리 기도는 위로와 평안 그리고 축복을 가져다 달라는 내용이 많습니다. 그러나 기도의 참다운 목적은, '나의 삶에 하나님의 역사가 이루어지는 것을 보는 것입니다. 그리고는 나의 삶을 통하여 다른 사람의 생애에도 하나님의 역사를 이루게 하는 것입니다'.

하나님은 당신이 기도하는 것이 모두 옳은 것이면 다 들어주신다는 것은 사실입니다만, 때때로 그가 응답하는 시기가 내가 원하는 때와 다를 수 있습니다.

이처럼 하나님은 당신의 기도에 응답하시는 것을 지연시키는 경우가 많이 있는데 거기에는 아주 타당한 이유가 있습니다. 당신의 기도에 응답하시는 것을 늦추는 한 이유는 당신이 기도하는 것보다도 하나님은 더 많은 것을 주고 싶어 하시기 때문입니다.

한나의 경우가 좋은 예입니다. 한나는 수년 동안 아이를 갖지 못했습니다. 그러자 남편의 첩이 여러 아이를 낳았습니다. 이에 아이를 낳지 못한 한나는 날이 갈수록 초조해졌습니다.

어느 날 한나는 남편과 더불어 하나님의 전 실로에 올라갔고 다른 부인은 아이들과 집에 머물렀습니다. 부부가 실로로 올라갔을 때 그녀의 남편이 "한나, 왜 그렇게 슬퍼하느냐?" 물었습니다.

이때 한나는 "내가 당신의 아기를 낳게 해 주세요"하고 울부짖었습니다. 이에 남편은 "내가 하나님이요? 어찌 내가 아이를 낳게 하겠소. 그러나 내가 많은 아들보다 당신에게 더 낫지 않소? 나로 만족하지 못하겠소?" 하였다. 그러나 그의 말은 한나에게 위로가 되지 못했습니다.

한나가 하나님의 집에 도착했을 때, 마음의 고통이 너무나 커서 말한마디도 내뱉을 수 없었습니다. 그녀의 슬픔은 너무 깊어 성전 안에 들어가기도 전에 문 앞에 주저앉아 흐느꼈습니다. 그녀는 두렵고 원통하여 입술만 움직였지 소리조차 내지 못했습니다.

그때 엘리 제사장이 지나가다가 한나가 엎드려 우는 것을 보았습니다. 그는 한나가 술 취하여 중얼거리는 줄 알고 포도주를 끊으라고 책망했습니다. 이때 한나는 "아닙니다. 저 술 취하지 않았습니다. 주의 여종이 수태치 못하므로 심히 슬픕니다. 그래서 지금 하나님께 아들 하나만 달라고 간청하는 것입니다. 만약 내게 아들 하나만 주시면, 그의 평생을 여호와께 드리겠다고 약속했습니다"(사무엘상 1장)라고 울부짖었습니다.

하나님은 바로 그와 같은 간청을 한나로부터 듣고 싶어 하셨던 것입니다. 그 이유는, 하나님은 이스라엘을 위해 한 사람이 필요했기 때문입니다. 그 당시 이스라엘 민족의 상태가 너무나 부패하여서 하나님께서 사용하실만한 사람이 없었습니다. 하나님은 한 사람을 얻기 전에, 한 여자가 필요했습니다. 그래서 하나님은 한나의 마음을 움직였던 것입니다.

한나는 수년 동안 아들 하나 달라고 기도해 왔습니다. 자신에게 즐거움과 기쁨을 주며, 다른 부인에게 조롱받지 않기 위해 아들이 필요했던 것입니다.

한나는 항상 기도했습니다;
"여호와여, 나에게 아들 하나 주셔서 나의 수치를 거두어 주소서"

그러나 응답이 없자 그 억울함을 풀지 못하고 가슴을 토하며 마침내, "여호와여, 저에게 아들 하나를 주시면 그의 평생을 여호와께 다시 돌려드리겠습니다."라고 부르짖었습니다. 이때에야 한나의 기도는 결국 하나님의 목적과 일치가 되었습니다.

제사장은 한나에게 "평안히 가라. 여호와께서 너의 기도를 들으셨도다. 네게 아들이 있으리라" 말했습니다. 그러자 한나가 집으로 돌아와서 아들 사무엘을 낳았고 그는 선지자가 되었고, 제사장이 되었으며, 구약에 나오는 하나님의 백성 중에 가장 으뜸가는 지도자가 되었습니다.

그렇습니다. 하나님께서도 한나에게 아들 하나 주시기를 원하고 계셨습니다. 그러나 한나의 기도에 대한 응답을 미루신 것은 그녀와 하나님의 뜻이 일치될 때까지 그녀의 마음속에서 역사하시기 위함이었습니다. 그러므로 당신의 기도에 대해 하나님의 응답이 늦다고 실망하지 마십시오. 하나님은 당신이 구하는 것보다도 더 많은 것을 주고 싶어 하십니다.

하나님은 우리 기도를 응답하실 정확한 때를 알고 계십니다. 예수님은 제자들에게 저들이 받을 때까지 예루살렘을 떠나지 말라고 명하셨습니다.

"내게 들은바 아버지의 약속하신 것을 기다리라 요한은 물로 세례를 베풀었으나 너희는 몇 날이 못 되어 성령으로 세례를 받으리라 하셨느니라. 오직 성령이 너희에게 임하시면 너희가 권능을 받고 예루살렘과 온 유대와 사마리아와 땅끝까지 이르러 내 증인이 되리라 하시니라"(사도행전 1:4-5, 8).

예수께서 이 말씀을 다 하신 후, 그를 따르던 자들이 베다니에 있는 감람산에서 지켜보는 가운데 주님은 구름이 그를 받아 가려 보이지 않게 하면서 하늘로 승천하셨습니다.

제자들은 예루살렘으로 돌아와서 모두 하나가 되어 쉬지 않고 계속 기도하였습니다. 성경은 저들이 오순절이 되기까지 계속하여 기도했다고 했습니다. 하나님께서는 저들이 기도하기 시작한 지 단 1분 안에 성령을 부으실 수 있습니다만, 하나님은 자기의 때를 기다리셨던 것입니다(사도행전 1-2장).

당신은 응답을 얻을 때까지 얼마나 끈질기게 기도해 보았습니까? 그것이 '예스'이든지 '노'이든지 간에 당신의 기도는 멈추지 말아야 합니다.

기도의 지침들

골로새서에서 바울은 "깨어 있으라"고 우리에게 권고하고 있는데 문자대로 해석하면 "깬 상태로 머무르라"라는 뜻입니다. 기도 중에 잠잔다는 것은 우리 육체의 연약함 중의 하나입니다.

예수께서 겟세마네 동산에서 기도하실 때에 제자들이 잠에 취하는 것을 보시면서 하신 말씀이 있습니다.

"너희가 나와 함께 한시 동안도 깨어있을 수 없더냐?"
(마태복음 26:40).

이와 같이 하나님은 우리가 하나님과 대화할 때 우리의 마음이 예민하게 깨어있기를 원하십니다. 우리가 반쯤 깨어있는 상태에서 흐릿한 정신으로 하나님께 말씀드린다는 것은 하나님을 모욕하는 것이 아닌가 생각됩니다.

바울은 우리가 기도할 때에 "감사함으로" 하라고 권하고 있습니다 (골로새서 4:2). 그러므로 우리의 기도는 항상 감사와 짝지어서 기도해야 합니다. 시편에서 좋은 예를 볼 수 있습니다.

다윗은 시편에서 모든 것을 다 기도하고 있습니다. 자신을 위하여, 그의 친구들을 위하여 그리고 원수들을 위해서도 기도합니다. 그는 또한 시편을 하나님께 대한 감사와 찬양으로 가득 채웁니다. 그 속에는 간구와 더불어 감사가 평형을 잘 유지하고 있습니다.

가끔 사람들이 내게 와서 "나는 목사님께 짐 지워 드릴 아무 문제가 없어요. 그저 목사님과 함께 하나님께 찬양 드리고 싶을 뿐이랍니다. 하나님이 내게 베푸신 은혜가 얼마나 크신지요. 그저 하나님께 받은 축복이 너무나 크다고 목사님께 말씀드리고 싶습니다"라고 말하는 사람들이 종종 있습니다.

그 말을 들으면 정말 즐겁습니다. 나는 목사로서 여러 가지 많은 문제들에 대하여 들어왔기 때문에 누가 "나는 아무 문제없고 그저 주님이 얼마나 좋으신 분인지 목사님께 고백하고 싶을 뿐이에요"라는 말을 하면 정말 기쁩니다. 이와 같이 우리들이 늘 하나님께 무거운 문제들만 내어놓는 것은 부끄러운 일입니다. 그보다는 하나님께 우리들에게 이미 베푸셨던 일들에 더욱더 많이 감사할 줄 알아야 합니다.

미국의 초기 시대 때, 청교도들은 금식과 고난의 날을 정하여 지켰습니다. 일 년 중에 적어도 매달마다 하루는 금식하는 날이 있었습니다. 그런데 어떤 사람이 일어나 "우리가 감사하는 날도 지킵시다. 우리가 자신을 금식이나 고통스럽게만 할 것이 아니라 하나님이 우리에게 행하신 일에 대해 감사의 절기도 지키도록 합시다." 주장하였습니다. 그래서 추수감사절이 생겨나게 된 것입니다.

우리의 기도 중에 개인적인 간구가 필요한 것은 당연합니다. 그러나 내가 만약 삶 속에서 절대적으로 필요한 것이 생길 때에만 나의 필요를 위해 하나님께 기도한다면, 그것은 스스로 나의 삶에 주어진 하나님의 놀라운 축복들을 외면하는 것과 같습니다.

그러므로 무엇보다도 우리가 하나님께 얼마나 더 많은 찬양과 감사를 드려야 하는지 아십니까? 그러므로 히브리서 기자는 우리가 찬양의 제사를 드리자고 권면한 것입니다.

바울은 우리에게 목회자들을 위해 기도하라고 권고하고 있습니다 (골로새서 4:3). 이와 같이 하나님께서는 성도들로 목회자들을 도우시기를 원하십니다.

사람들은 때때로 목회자들을 단상 위에 올려놓고 자기들 마음대로 단정 지어버립니다. 그리고 모든 것을 그에게 요구합니다. 그러나 목회자 역시 인간에 불과합니다. 나도 위대한 성자가 되기를 많이 소원했습니다. 그러나 그렇지 못합니다.

목회자들도 역시 모든 사람들과 마찬가지로 많은 문제를 안고 있습니다. 우리 역시 동일한 고난을 당해야 하며, 어떤 면으로는 다른 평신도들보다 더 깊은 수준의 고난에 직면하기도 합니다.

영적 권위와 지도력을 가진 우리의 위치 때문에 어떤 면으로는 사탄의 공격이 더 심각할 경우가 많습니다. 그러므로 목회자들이야말로 기도가 필요한 사람들입니다.

어떤 사람이 스펄전 목사님에게 그의 성공담을 물었더니 그는 "나의 교인들이 나를 위해 기도해 주었습니다."라고 대답했습니다.

사도 바울도 "우리를 위해 기도해 달라"고 말했습니다. 그러면 바울은 자기를 위해 무엇을 기도해 달라고 했을까요? 바울은 성도들에게 하나님께서 자기에게 말씀의 문을 열어 달라는 기도 부탁을 했습니다(골로새서 4:3).

그 당시에 바울은 감옥에 갇혀 있었습니다. 그렇다면 여러분 생각으로는 바울이 자유의 몸이 되는 것이 그의 제일 큰 소원이라고 생각하겠지요. 그렇다면 우리에게 "하나님께서 옥문을 열어 이 감옥에서 나갈 수 있게 기도하라" 부탁했어야 할 것인데 바울은 '하나님의 말씀을 자유롭게 전할 기회의 문을 열게 해 달라'고 당부하였습니다.

이와같이 우리의 부족함을 위해서 성도들에게 기도 요청을 한다면;

'능력 없는 종이 되지 않고 성령으로 충만한 목회자가 되도록 기도해 주십시오. 사람의 말을 너무 많이 하지 않게 기도해 주십시오. 사람을 기쁘게 하고 흥분시킴으로써 인기를 누리는 목회자가 되지 않도록 하나님께 기도해 주십시오. '

'말씀을 온전히 공급해 주지 못하는 그런 게으른 목회자가 되지 않도록 기도해 주십시오. 차갑고 냉정하여 교인들에 대한 감응이 둔한 목회자가 되지 않도록 기도해 주십시오. 그리스도의 신비에 대해서 말하고, 그의 사랑을 나타내며, 양 떼 앞에서 하나의 본보기가 되어, 하나님께서 나에게 하시고 싶은 일들을 하나님과 겸손히 동

행하며 행하는 그러한 신실한 목회자가 되도록 기도해 주십시오.'
라고 부탁해야 할 것입니다.

그러므로 부디 당신의 목사님들을 위해서도 기도하십시오. 사실 우
리 목회자들은 여러분의 기도를 얼마나 사모하는지 모릅니다. 물
론 우리 목회자들 또한 항상 성도 여러분을 위해 기도할 것입니다.

의무가 아닌 특권

기도는 하나님께서 인간에게 주신 가장 큰 특권 중 하나입니다. 나
는 감히 이 우주를 창조하신 하나님께 내가 그 앞에 나아가 말할 수
있다는 것을 생각하면 그저 놀라울 뿐입니다. 더 놀라운 사실은 하
나님께서 항상 나의 말에 귀를 기울이신다는 것입니다.

또 하나 더 놀라운 일은 우리에게는 언제든지 하나님께 말할 수 있
는 특권을 주셨다는 사실입니다. 내가 미리 약속하거나 전화를 걸
어 예약하지 않아도 되는 것입니다. 언제 어느 때나, 필요할 때 그
분 앞에 내 마음을 열 수 있다는 사실입니다. 그리고 하나님은 귀
만 기울이실 뿐 아니라, 돕겠다는 약속도 하셨습니다. 그는 나를 인
도하시겠다고, 또한 모든 필요 때마다 공급해 주실 것을 분명하게
약속하셨습니다.

나는 하늘에 있는 천사들이 기이하게 생각하고 있을 것이라고 상상
되는 것이 하나 있는데, 그것은 천사들이 볼 때, 이 땅의 사람들에
게 기도할 수 있는 영광스러운 특권이 주어져 있는데도, 사람들은
그 특권이 주는 유익을 거의 누리지 못하고 오히려 귀찮게 취급하
는 것을 보고 있을 것이라는 사실입니다.

또한 이해할 수 없는 것은 많은 사람들이 기도란 신앙생활에서 꼭

해야만 하는 종교적인 일로 취급하는 점입니다. 한동안 기도하고 난 후에는 기도한 것에 대한 어떤 훈장을 기대합니다.

"오 하나님 오늘 내가 한 시간 내내 기도했습니다" 이렇게 하나님께 기도한 것을 마치 상급을 받아야 하는 것처럼 말입니다.

이와 같이 많은 사람들이 하루에 적어도 한 시간씩은 기도하기로 작정하는 것을 보면 그렇게 하는 것이 존경받기 위해서는 꼭 해야만 하는 것 같습니다.

또한 처음 기도를 시작할 때는 구할 것이 많은 것처럼 목소리를 높여 시작하는데 10분이 체 지나기도 전에 더 말할 것이 없어져서 했던 말을 하고 또 하곤 합니다. 그래서 기도 제목 써 놓은 것을 몇 번 왔다 갔다 하다 보면 결국 정한 시간을 채우게 되고 그렇게 기도한 후에 상당히 기분 좋아합니다.

"오! 나의 주님을 찬양합니다! 오늘은 주께서 말씀하신 대로 한 시간 동안 기도를 했군요" 그러고는 마치 자기의 의무와 책임을 다한 것 같이 마음 든든하게 생각하면서 자기 할 일을 하러 갑니다. 그러나 기도는 절대로 시간에 좌우되는 것이 아닙니다. 기도를 또한 하나의 의무로 생각해서 반드시 해야만 하는 일이나 책임으로 여겨도 안 됩니다.

그러므로 기도할 때에 시간의 길이는 전혀 중요하지 않음을 기억하십시오. 어떤 때는 그렇게 길게 기도할 충분한 시간이 없습니다. 예를 들어, 당신이 탄 차가 철길에 걸려 꼼짝 않고 있는데 기차가 당신을 향해 달려오고 있다고 가정해 봅시다. 그때 긴 기도를 해야 해결 볼 것 같으면 결국 사고는 일어나고 말 것입니다.

예수님은 우리에게 경고하시기를, "또 기도할 때에 이방인과 같이 중언부언하지 말라 저희는 말을 많이 하여야 들으실 줄 생각하느니라"(마태복음 6:7) 말씀하셨습니다.

천주교인들이 성모 마리아와 천주란 말을 반복하여 사용하는 것을 비난하는 사람들도 많이 있습니다만 "오 예수님! 예수님!", 또는 "영광! 영광!", "할렐루야! 할렐루야!" 또는 어떤 다른 말을 계속 되풀이하는 것도 모두 중언부언하는 것입니다.

당신이 기도할 때는 실제로 아버지께 말씀드리는 것입니다. 아버지께 말씀드릴 때는 지성을 갖추어야 합니다. 마치 주문 외우듯이 같은 단어를 자꾸 되풀이하지 마십시오. 그것은 아무 효과가 없습니다.

제 3 장

기도의 특권

"그가 내 영혼을 소생시키고…"

어떤 사람이든지 한 번 또는 몇 번의 기도는 다 하게 됩니다. 심지어 "나는 하나님을 믿지 않아요"라고 말하는 사람까지도 위기가 다가올 때면, "오, 하나님 날 도와주세요!"라고 기도합니다. 이와 같이 사람들은 대부분 기도에 익숙해져 있습니다.

기도의 범위

그리스도인은 삶 속에서 능력을 얻는 출처가 하나 있습니다. 바로 성령입니다. 예수께서 제자들에게 "오직 성령이 너희에게 임하시면 너희가 권능을 받고"(사도행전 1:8) 라고 말씀하셨습니다. 그러므로 성령님은 당신의 삶 가운데 능력의 근원이 되십니다.

또한 영적 능력을 배출하는 가장 큰 출구는 기도입니다. 하나님을 위하여 더 많이 일할 수 있는 것은 봉사를 포함한 어떤 다른 수단보다도 기도를 통하여 행하는 것입니다. 기도로 그 집의 강한 자를 결박하여야 그 집에 들어가 세간을 늑탈할 수 있는 것입니다.

기도하고 난 다음에는 기도보다 더 많은 일을 할 수 있지만 기도하지 않고는 어떤 일도 더 할 수가 없습니다. 내가 하나님께 봉사하는 것이 대단히 중요하긴 합니다만 봉사는 한 장소에 제한되어 일할 수밖에 없습니다. 그러나 기도는 그 범위가 무한대입니다. 온 세계를 두루 다니며 일할 수 있습니다.

내가 기도함으로써 선교사들의 손길을 강하게 하여 저의 생활 가운데 30분은 남아프리카의 하나님 나라의 일을 행하는 데 사용할 수가 있습니다. 그 다음에는 멕시코로 가서 거기에서 선교하고 있는 친구들과 얼마 동안 함께 일할 수 있습니다.

이와 같이 내가 기도함으로써 그 지역에 전한 복음과 전도의 말씀을 효율적으로 선교할 수 있도록 그들을 도울 수 있습니다. 그 다음에는 중국의 교회를 위하여 기도합니다. 나의 작은 방에서 드리는 기도를 통하여 온 세계에 하나님을 위한 일들을 접촉할 수가 있습니다.

기도의 상급

예수님은 우리에게 "너희가 기도할 때에 외식하는 자와 같이 되지 말라"(마태복음 6:5)고 말씀하셨습니다. 외식이란 말은 헬라어로 '후포크릿'(hupokrites)입니다. 이 말은 연극에서 왔는데 희랍의 연극배우들이 고전극을 할 때 그 역의 특성을 나타내는 가면을 썼는데 그 배우들을 '후포크릿'(hupokrites)이라고 불렀습니다.

그러므로 예수님의 말씀은 "너희가 기도할 때에 다른 사람에게 잘 보이려고 행하는 위선자같이 하지 말라. 공회당에서나 길거리에 서서 사람에게 보이려고 기도하기를 좋아하는 '후포크릿'(hupokrites)같이 되지 말라"란 뜻입니다.

어떤 사람들은 이 성경구절을 들어서 공중기도는 나쁘다고 주장하기도 합니다만, 예수님이 말씀하신 것은 절대 그 뜻이 아닙니다. 예수님 자신도 공중기도를 하셨습니다. 또한 초대교회 때에도 연합하여 기도하였습니다. 성경에도 믿는 자들이 매일 모여 사도들의 말씀과 교제, 떡 떼는 일과 기도를 했습니다(사도행전 2:42). 이와 같이 기도는 우리가 함께 모일 때 아주 중요한 역할을 합니다.

그러나 조심해야 할 것은 기도할 때에 하나님과 대화하는 것보다 사람을 감동시키기 위해 기도하지 말아야 합니다. 이것은 목회자에게 있어 상당히 위험한 부분입니다. 왜냐하면 우리 목회자들은 자주 공중기도를 하기 때문입니다.

진짜 유혹은 설교를 마친 후 기도할 때입니다. 기도로 마치면서 성도들로 하여금 더 확실하게 이해시키려고 설교의 요점을 미묘하게 되풀이합니다. 하나님에게 기도한다고 하면서 실제적으로는 집으로 돌아가는 교인들에게 설교 요점을 주입시킨 것입니다. 그러나 분명한 것은 기도는 설교가 아닙니다. 목회 초기 때에 나도 공중기도 때문에 잘못될 뻔했었습니다.

어느 날 한 여성도가 내게 와서, "목사님 오늘 매우 훌륭한 기도를 하셨어요!" 그때 나는 매우 기분이 좋아서, "오, 오늘 내가 풍부한 기도를 했구나, 앞으로 더 풍부하게, 더 감동적으로 해야겠구나!"

그후부터 나는 설교가 끝나고 기도할 때마다 하나님 아버지께 말씀 드린다는 생각은 아예 잊어버리고 어떻게 하면 기도내용을 좋게 하여 사람들을 감동시킬까 하는데 관심을 갖게 되었습니다. 이와 같이 우리는 때때로 다른 사람들에게, 나 자신이 얼마나 의롭고 경건하고 영적으로 깊이 생각하는 사람이라는 인상을 심어주기 위하여 기도하는 위험에 빠질 때가 있습니다.

예수님은 두 가지 상급에 대해 말씀하셨습니다. 첫째는 사람에게 받는 상급입니다. 공중기도를 할 때 사람들에게 자신이 얼마나 영적인 사람인가 하는 인상을 심어주기 위한 동기를 가지고 하는 기도입니다. 그러나 그것은 어떤 사람이 "그 사람 정말 영적이더군요!"라고 말함으로써 상급을 받게 되는 것입니다.

바리새인의 동기가 바로 그것이었습니다. 자신이 영적임을 나타내 보이려고 했습니다. 그들이 공회당으로 갈 때도 영적인 것을 사모하는 자인 것처럼 행동하였습니다. 길거리 모퉁이를 돌다가도 바로 거기 서서 기도했습니다.

실제로 그들은 "나에게 감당할 수 없는 거룩함이 임해서 회당까지 가서 기도하도록 기다릴 수가 없습니다!"소리칩니다. 그러나 그 순간 그들은 이미 사람들에게 칭찬을 상급으로 받았습니다(마 6:6). 이와 같이 기도에는 상급이 있습니다. 사람들에게 칭찬을 받는 잘못된 기도도 상급이 있습니다. 당신은 누구의 상급을 원하십니까? 사람이 주는 상급입니까? 아니면 하나님이 주시는 상급입니까?

나쁜 버릇

우리는 종종 묘한 기도의 습관에 빠질 때가 있습니다. 어떤 사람의 기도방법에 감동을 받게 되면, 그 사람의 특유한 표현을 우리도 본 뜨려는 경향이 있습니다.

예를 들면, 나도 기도할 때에 약간의 떨리는 목소리를 가미하여 "오 오~ 하나님"이라고 특이하게 소리를 내며 기도할 때도 있습니다. 물론 보통 사람들에게 말할 때 감히 그런 목소리를 낼 수 없는 것은 내가 그런 목소리로 말한다면 그들이 나를 약간 이상하게 생각할 것이기 때문입니다.

만약 내 아이들이 나에게 와서 "오오~ 사랑하는 아버지!"라고 말한다면 내가 얼마나 민망하겠습니까? 또 옛날 성경 단어를 섞어가면서 기도하면 더욱 영적으로 들리는 것처럼 생각합니다. 그렇게 되면 사실 나의 기도는 현대어 성경 말씀을 사용하는 시대에 살면서 구어체를 사용하는 옛 시대로 되돌아가는 격이 됩니다.

그러나 예수님은 우리에게 "구하기 전에 너희에게 있어야 할 것을 하나님 너희 아버지께서 아시느니라"(마태복음 6:8) 말씀하셨습니다. 그러므로 그냥 구하십시오. 하나님은 당신이 어떻게 말하느냐에 따라 허락해 주시고 안 해 주시고 하시는 분이 아니십니다.

예수님은 우리에게 "구하라(제발 구하기만 하라) 그리하면 받으리니"(요 16:24) 말씀하셨습니다. 그러므로 당신이 구함으로써 하나님께서 당신에게 복 주시고자 하셨던 것들과 당신에게 행하려고 하셨던 일들을 행하실 수 있도록 문을 열어드리는 것입니다.

기도의 모형

예수님은 우리에게 기본적인 기도의 모형을 주셨습니다;
"그러므로 너희는 이렇게 기도하라 하늘에 계신 우리 아버지여..."
(마태복음 6:9).

이 기도의 형태는 효과적으로 기도하는 데 필수 불가결한 요소이면서 간구하는 사람과 하나님 사이가 개인적으로 가까운 관계임을 즉시 드러냅니다. 그러므로 하나님과 당신과의 관계도 당신이 하나님을 어떻게 표현하느냐에 따라 나타나게 됩니다.

어떤 사람들은 기도할 때 "전능하신 하나님"으로부터 시작합니다. 당신과 하나님과의 관계가 그러하다면 당신은 하나님을 그렇게 불러야겠지요. 그러나 분명한 것은 당신이 하나님을 당신의 아버지로 확실하게 알지 못할 때 당신은 하나님을 "전능하신 하나님" 또는 "거룩하신 하나님", "영원하신 하나님"으로 부르게 됩니다.

그러나 감사하게도 나는 예수 그리스도를 통하여 멋진 아버지를 갖게 되었습니다. 바로 아버지와 아들의 관계가 된 것입니다. "보라 아버지께서 어떠한 사랑을 우리에게 주사 하나님의 자녀라 일컬음을 얻게 하셨는가"(요한일서 3:1) 생각해 보십시오. 죄인 된 우리가 하나님의 자녀로 불리다니 이 얼마나 큰 영광인가요. 그래서 나는 하나님께 "아버지!"라고 부르며 나아갈 수 있습니다.

그렇지만 오직 예수 그리스도를 통해야만 우리가 하나님의 자녀가 될 수 있습니다. 예수 그리스도 밖에서는 전능하시고 영원하신 하나님과 멀고 먼 관계일 뿐입니다. 그러나 당신도 예수 그리스도를 통하면 아주 가까운 부자의 관계가 설정됩니다. 그래서 당신도 "하늘에 계신 나의 아버지여"라고 말할 수 있게 됩니다.

사도 요한도 "영접하는 자, 곧 그 이름을 믿는 자들에게는 하나님의 자녀가 되는 권세를 주셨으니"(요1:12)라고 증거했습니다. 또한 사도 바울도 하나님은 "우리 각 사람이 양자의 영을 받았으므로 아바 아버지라 부르짖느니라 성령이 친히 우리 영으로 더불어 우리가 하나님의 자녀인 것을 증거하시나니"(로마서 8:15,16)라고 증거했습니다. 이와 같이 내가 하나님의 자녀이기 때문에 그를 부를 때에는 아주 자연스럽게 "아버지"라고 부르게 됩니다. 그러므로 관계성은 기도에 있어서 대단히 중요합니다.

예수님이 주신 기도의 모형은 계속 찬양과 경배로 이어집니다;
 "이름이 거룩히 여김을 받으시오며"(마태복음 6:9).

이와 같이 경배는 기도에 있어서 대단히 중요한 부분입니다. 시편 기자는;
 "감사함으로 그 문에 들어가며 찬송함으로 그 궁정에 들어가서 그에게 감사하며 그 이름을 송축할지어다"(시편 100:4) 권고했습니다.

그런데 우리는 기도할 때마다 성급하게 불쑥 뛰어 들어가서 우리의 요구를 내밉니다. 그러므로 당신의 기도 생활을 풍성하게 하기 위해서 기도할 때마다 하나님을 찬양해야 할 것입니다. 그러고 나서 당신의 간구를 내어놓으십시오.

예수님의 기도 모형 중에 첫 번째로 나오는 두 간구가 있는데, 그것은 중보기도의 형태로 되어있습니다. "나라가 임하옵시며, 뜻이 하늘에서 이룬 것 같이 땅에서도 이루어지이다"(마태복음 6:10).

예수님은 제자들에게 "너희는 먼저 그의 나라와 그의 의를 구하라. 그리하면 이 모든 것을(너희가 필요로 하는 것들) 너희에게 더하시리라"(마태복음 6:33) 말씀하셨습니다. 또한 시편 기자는 "여호와를 기뻐하라 저가 네 마음의 소원을 이루어 주시리로다"(시편

37:4) 증거하였지요.

그런데 대부분의 사람들은 하나님께 축복을 먼저 꺼내 듭니다. 그렇지만 그렇게 기도한다고 해서 하나님의 축복은 절대로 바로 오지 않습니다. 축복이란 하나님과의 개인 관계에서 나오는 자연산물이기 때문입니다. 당신이 하나님과 바른 관계만 맺고 있으면, 살아가는 동안 당신의 삶은 하나님의 축복으로 가득 채워질 것입니다.

그러므로 기도할 때 예수께서 가르쳐 주신 것처럼 '먼저 하나님의 나라와 하나님의 의'를 구해보십시오. 그러면 주께서 말씀하신 것처럼 '이 모든 것들은 다 당신에게 더해질 것'입니다. 이와 같이 축복이란 하나님이 원하시는 삶의 자세로 살아갈 때 맺어지는 자연스러운 결실입니다.
또한 "하나님 아버지의 나라가 임하옵시며, 아버지의 뜻이 이루어지이다." 이것을 당신의 기도목록에 제일 먼저 올려놓으십시오. 그리하면 당신이 애쓰고 이루지 못했던 일들을 하나님께서 다 해결해 주심을 발견하게 될 것입니다.

그리고 나서 하나님께 당신의 필요와 요구를 말씀하십시오. 그때는 당신의 마음을 아버지께 열고 당신의 마음 깊숙이 들어 있는 모든 비밀들을 아뢰십시오. 당신이 이렇게 아버지께 말을 할 수 있는 축복의 시간을 가짐으로써 당신은 아버지의 도움과 능력과 인도를 받게 됨을 깨닫게 됩니다.

기도하는 것이 얼마나 큰 특권인지 모릅니다. 하나님께서 당신의 기도 생활이 얼마나 축복으로 가득한 것인지 체험할 수 있도록 도와주시기를 기도합니다. 하나님께서 기도는 노동이나 짐이나 의무가 아니며 반드시 해야만 하는 책임감에서 하는 것도 아님을 알게 하시고, 또한 이 세상에서 가장 기쁘게 누릴 수 있는 특권임을 알게 하시기를 기도합니다.

제 4 장

효과적인 기도

"자기 이름을 위하여 의의 길로 인도하시는도다"

성경은 우리에게 믿음은 기도를 응답받게 한다고 가르칩니다. 예수님께서도 "무엇이든지 기도하고 구하는 것은 받은 줄로 믿으라 그리하면 너희에게 그대로 되리라"(마가복음11:24) 말씀하셨습니다.

기도의 권세

우리가 기도하는 그분에게 엄청난 권세가 있다는 것을 안다면 기도함으로 응답받을 수 있다는 것을 쉽게 믿을 수 있습니다. 사도행전에서 제자들이 기도하기를, "대주재여 천지와 바다와 그 가운데 만유를 지은 이시요"(사도행전 4:24)라고 기도했습니다.

우리는 우리의 인간적인 한계성을 얼마나 하나님께 많이 적용하는지 모릅니다. 때때로 우리는 어떤 상황의 환경을 너무 환하게 알고 있으므로 믿음으로 기도하기가 어렵습니다. 그러나 당신이 기도할 때에 그분은 실제로 온 우주를 창조하신 하나님이라는 사실을 기억하십시오.

예를 들면 나는 기계적인 머리를 갖고 있습니다. 그러므로 내 차의 엔진이 고장 났을 때 기적이 일어나게 해 달라고 기도하기란 쉽지 않습니다. 자동차의 코일이 약하다든지 포인트가 나쁘다든지 배터리가 다 된 것을 훤히 다 알고 있는데, 자동차의 시동이 걸리게 해 달라는 기도를 하나님께 할 만한 믿음 같은 것은 없습니다. 그러나 기도 외에는 어찌할 길이 없는 상황이라면 "오, 하나님, 이 차가 움직이도록 좀 도와주십시오!" 해야 하지 않을까요?

나와는 달리 내 아내는 자동차의 기계에 대해서는 하나도 모릅니다. 그녀는 차의 후드 안도 거의 들여다보지 않습니다. 아내는 카뷰레터의 배전기도 모르고 라디에이터 캡의 심도계도 전혀 모르면서 차를 시동 걸 때에 문제가 생기면 큰 믿음을 발휘합니다.

내가 "어떻게 하지?"하고 말하면,
그때 아내는 "기도합시다."
그러나 나는 아내에게 어이없다는 얼굴로,
"아니 여보! 지금 이런 상황은 기계에 문제가 있기 때문에 기도해서 될 일이 아니란 말이오."

그러나 아내는 곧바로 고개를 숙이고 기도합니다

"주님 지금 이 차가 출발할 수 있도록 도와주세요. 우리가 지금 꼭 가야하는 것을 주님께서도 아시지 않습니까. 해 주실 것을 믿으며 예수님의 이름으로 기도합니다. 아멘."

그리고는 아내는 내게 "자 여보, 다시 한번 시동을 걸어보세요"

그때마다 나는 "당신은 참으로 쓸데없는 짓을 하는구려"

아내는 지지 않고 "여보, 한 번만 더 걸어보세요."말합니다.

나는 정말 못 말리는 여자야 중얼거리며 시동을 걸어봅니다.

그런데 단 한 번에 시동이 걸려버렸습니다.

나는 이 상황을 무어라고 말할 수 없습니다. 정말 하나님께서 하셨을까요? 나는 믿지 못합니다. 그러나 내 아내는 "할렐루야! 그것 보세요. 하나님은 우리가 기도하기를 원하세요"라고 깔깔대고 웃습니다.

이럴 때 우리는 과연 나는 누구에게 기도하고 있는지 생각해 봐야 할 대목입니다. 혹시 내가 하나님의 능력을 제한하고 있지는 않은 것인지, 그러나 하나님이 창조하신 우주를 한 번 둘러보십시오. 그의 능력이 제한되고 있는지 살펴보십시오. 그분은 우리가 상상할 수 없도록 크고 무한하신 하나님이십니다. 그럼에도 우리는 기도할 때 마치 능력이 제한된 분에게 기도하는 것처럼;

"오, 하나님! 당신께서 이것을 할 수 있을는지 나는 잘 모르겠습니다. 내 상식으로는 당신께 부탁드리고 싶지 않아요. 그러니 안 해 주셔도 괜찮습니다. 나도 이해합니다."

이 얼마나 어이없고 웃기는 일인가요?

어려움의 척도는 당신이 구하는 대상의 능력에 따라 측정됩니다.

당신이 기도하는 대상이 누구입니까? 그분은 하나님이시며 우주를 창조하신 주인이십니다. 또한 그분은 하늘에 계신 당신의 아버지 되시며 당신에게 깊은 관심과 사랑을 갖고 계시는 분이십니다. 그에게 어려운 것은 아무것도 없습니다.

예레미야는 "주 여호와여 주께서 큰 능과 드신 팔로 천지를 지으셨사오니 주에게는 능치 못한 일이 없으시니이다."(예레미야 32:17)라고 기도했습니다. 그러므로 당신이 기도할 때 이렇게 시작하는 것은 매우 좋은 방법입니다.

많은 경우 힘든 문제를 놓고 기도할 때 감당할 수 없는 큰 짐을 진 것과 같이 되어버립니다. 수천 톤의 무거운 것들이 내 어깨를 짓누르고 있는 듯합니다.

그때 우리는 항변하기를;
"오, 하나님. 내 앞에 놓인 이 거대한 산을 어떻게 움직일 수 있겠습니까? 주치의가 말한 것을 주님도 아시지요. 그가 99% 불가능하다고 하지 않습니까! 오, 주님 정말 기가 막힙니다."

이와 같이 우리는 커다란 문제에 눌려 있다 보니 우리가 기도하고 있는 그분이 하늘과 땅과 바다와 그 가운데 있는 모든 것을 창조하신 분이라는 사실을 잊을 때가 있습니다. 그러나 하나님에게는 손가락이 아픈 것을 고치시는 것이나 백혈병 말기의 환자를 고치시는 것이나 다를 바 없습니다. 하나님에게는 머리 아픈 것을 낫게 해 주는 것이나 팔을 하나 갖다 붙여 주는 것이 다를 바가 하나도 없습니다.

혹시 당신은, "그러나 모든 것이 다 되는 것은 아닙니다. 어떤 것은 한계가 있습니다."라고 말할 수 있지요.

불가사리가 팔이 하나 떨어져 나갔다고 합시다. 그러면 당신은 "하나님, 불가사리에게 새 팔 하나만 붙여 주십시오."라고 힘을 다하여 기도하시나요? 아니지요. 불가사리는 새 팔이 자연적으로 나오게끔 되어있음을 우리는 압니다.

지렁이를 반으로 잘라 보십시오. 그래도 나머지 반이 자연적으로 자라나게 되어있습니다. 그러면 그 자연이라는 것을 만든 분이 누구일까요? 누가 자연의 법칙을 만들었을까요? 이와 같이 우리를 창조하시고 우리 속에 모든 기능을 만드시고 몸의 각 부분을 자라게 하시는 하나님이 아닌가요? 지렁이의 나머지 반쪽을 자라게 하시는 하나님께서 사랑하는 아들의 잘린 팔이나 다리를 새롭게 만들어 내시는 것이 그렇게 어려운 일인가요?

우리가 이러한 기적을 생각할 때, 인간의 수준과 한계를 하나님께 적용하므로 방해가 되기도 합니다.

"하나님! 새 팔 줄려고 신경 쓰시지 마시고, 오히려 그 팔 없이도 잘 적응하여 살 수 있도록 도와주십시오."라고 기도해 버립니다. 그렇게 기도했다면 그렇게 되겠지요.

때때로 하나님은 우리의 불신에도 불구하고 하나님은 하실 수 있다는 것을 보여주기 위하여 기적을 행하실 때가 있습니다.

내가 턱손에서 목회할 때 어느 날 한 여성도가 저에게 전화를 걸어 왔습니다.

"척 목사님. 나의 어린 아들 데이빗을 위해 기도해 주세요. 자동차 문에 손이 끼였답니다. 우리는 지금 병원에 와 있는데, 의사는 그 손가락을 절단해야 한다고 합니다. 목사님. 하나님에게 데이빗의 손가락을 절단하지 않고 나을 수 있도록 제발 기도해 주세요."

나는 그 아이 엄마에게 전화로 기도를 해 주었습니다. 성령이 제 마음에 감동하시므로 좋게 될 것 같은 기분이 들었습니다. 그래서 나는 큰 소리로 "하나님께서 데이빗의 손가락을 고쳐 주실 것입니다! 하나님을 찬양하고 기뻐하십시오! 하나님은 데이빗에게 기적을 행하실 것입니다!" 말했습니다.

의사는 데이빗의 손가락을 본 후에 엄마에게;
"내일 아이를 데리고 다시 병원에 오십시오. 내일 와서 아이의 손가락을 절단해야 할 것인지를 결정짓겠습니다." 하였습니다.

그 다음날, 엄마는 어린 아들을 의사에게 데리고 갔습니다.
의사는 손가락을 다시 검사한 후;
"안됐군요. 독이 심하게 퍼졌습니다. 손가락을 절단할 수밖에 없습니다. 뼈도 다 부스러졌으므로 저로서는 어찌할 수가 없습니다." 하였습니다.

그 아이 어머니는 내게 다시 전화를 걸어왔습니다.
그녀는 심하게 울면서 말을 이어가지 못했습니다.
"부인 도대체 무슨 일입니까?"

제가 물어도 그녀는 거의 실신하다시피 되어버려 옆에 있던 그녀'의 여동생이 전화를 대신 받아 상황을 설명해 주었습니다.

"척 목사님, 의사가 방금 데이빗의 손가락 끝을 절단하는 수술을 했답니다. 그래서 언니가 정신을 차리지 못하고 있습니다."
"알았습니다. 제가 지금 곧 집으로 가겠다고 말씀해 주십시오."

그리고 나는 급하게 차를 몰고 데이빗의 집으로 가면서 하나님께 분노를 터뜨렸습니다. 스스로 절제가 되지 않을만큼 굉장히 격해 있었습니다.

"하나님, 왜 그 손가락을 고쳐 주지 않았습니까? 하나님은 쉽게 고칠 수 있지 않습니까. 하나님께는 아주 작은 일이 아닙니까? 게다가 내가 그 부인에게 하나님을 믿고 의지하라고 말하지 않았습니까? 그런데 하나님, 지금 이 꼴을 보십시오. 하나님이나 나나 둘 다 완전히 망신당한 것입니다. 이제 지금 그 부인의 집에 가서 말을 해야 하는데 내가 가서 무슨 말을 해야 할까요. 그녀는 거의 실신 상태에 있답니다."

나는 그녀 집에 도착하여;
"부인, 하나님을 사랑하는 자는 모든 것이 합력하여 선을 이룬다고 우리 알고 있지 않습니까? 하나님께는 어떤 목적이 있으실 것입니다. 손가락 전체나 팔까지 잘못될 수도 있었을 것인데, 그냥 한 손가락 끝만 이렇게 된 것을 감사하십시오. 그것도 그렇게 나쁘진 않습니다. 데이빗도 금방 적응할 수 있을 것입니다. 데이빗도 훗날에 하나님의 목적을 알게 되겠지요."라고 말할 수밖에 없었습니다.

이러한 상황 가운데에서 누구를 카운슬링을 한다는 것은 쉬운 일이 아닙니다만 나는 최선을 다해 위로해 주었습니다. 집으로 돌아오는 길에도 나는 여전히 하나님께 화를 내고 있었습니다.

"주님, 도대체 하나님이 하시는 일을 도저히 이해할 수가 없군요! 내가 주님 같았으면, 그 손가락을 확실하게 고쳐 주었을 텐데요. 이 적까지 감사한 일도 많았지만 데이빗 일은 정말 마음에 안 들어요."

나도 흥분이 되어 믿음이 다 떨어져 버린 것 같아 그날 밤은 감기 든 딸아이를 위해 기도하는 것조차도 해 줄 수가 없었습니다. 데이빗 엄마의 믿음도 산산조각이 나 버려서 누가 아무리 위로해도 위로를 받지 못하였습니다.

그 이튿날 아침 데이빗 어머니로부터 전화가 왔습니다. 그녀는 너무 흥분하여 전화통에 대고 소리를 지르고 있었습니다.

"목사님! 목사님! 이상한 일이 벌어졌어요!"
"무슨 일입니까?"
"목사님 도무지 믿지 못할 일이 일어났어요."

그녀는 흥분해서 목소리가 떨렸습니다.
"데이빗이 형과 씨름하다가 손가락에 감은 붕대가 벗겨졌답니다. 그래서 그 붕대를 다시 씌우려고 손가락을 보았더니 붉은 새 손가락 끝이 생겨났어요. 정말 새 손가락이에요!"

그녀는 놀라서 데이빗을 데리고 병원에 가서 수술했던 의사에게 보였습니다. 그랬더니 그 의사는 손가락을 이리저리 살펴보다가 머리를 긁적이면서 담당 간호사에게 진료기록 차트를 가지고 오라고 했습니다.

의사는 차트를 들여다보며;
"간호사, 이 손가락 절단 수술 한 것 맞지요?"
간호사는 "예, 물론이지요. 선생님."

그 의사는 머리를 흔들며 데이빗 엄마에게 말했습니다.
"정말 알 수 없는 일이군요! 내일 데이빗을 다시 데려오시겠습니까?"

그다음 날 데이빗을 데리고 다시 병원엘 갔는데, 의사는 또다시 똑같은 검사를 하고 난 후에;
"죄송하지만 내일 한 번 더 데리고 오시겠습니까?"

일주일 내내 데이빗 엄마는 아들을 그 의사에게 데리고 가서 새로 생긴 손가락 끝을 살펴보게 하였습니다. 의사는 X-ray도 찍어보고

뼈까지 완전하다는 것을 알았습니다.

의사는 자기의 두 눈을 의심하는 듯이;

"이것은 정말 신기합니다. 내가 알고 있는 의학 분야에서는 이런 일을 본 적이 없습니다. 나로서는 도무지 설명할 길이 없습니다. 그런데다가 부인도 아시다시피, 저 손가락 끝이 생겨나서 손톱까지 생기려 하니 이는 정말 있을 수 없는 일이지요."

2주 후에는 손톱이 자라기 시작했습니다. 두 달이 못 되어 데이빗이 두 손을 내밀 때 이제는 어느 것이 절단되었던 손가락인지 구별해서 말하기 어려울 정도가 되었습니다.

데이빗은 일 년 내내 일주에 한 번씩 병원엘 갔습니다. 의사는 사진을 다 찍어 그 모든 사건의 과정을 서류화하여 미국의학협회의 잡지에 실었습니다.

그 의사는 유대인이었으며, 데이빗 엄마는 그에게 예수 그리스도의 능력을 증거 했습니다. 결국 그 의사는 "이것이야말로 하나님의 기적임을 고백하지 않을 수 없습니다." 경탄했습니다. 그 후에야 나도 깨닫게 되었습니다.

"와우 하나님은 진짜 현명하시군요. 참으로 멀리 내다보시는군요. 만약 손가락을 절단하기 전에 고쳐 주었더라면, 그 의사는 데이빗 엄마의 어떤 증거에도 예수의 능력을 절대 믿지 않았을 것입니다. 그는 아마도 우리 몸 안에 스스로가 낫게 하는 능력 때문에 나았을 것이라고 합리화했을 것입니다. 그러나 절단한 후에 주께서 새로 나게 하셔서 주님은 의사의 사고방식을 완전히 바꾸어 놓으셨군요. 정말 하나님은 위대하신 분이십니다."

이처럼 하나님은 위대하신데 왜 우리는 하나님을 제한할까요? 그 이유는 우리가 제한된 존재이기 때문입니다. 그러나 우리는 기도할 때에 우리가 누구에게 기도하고 있는지를 깨달아야 할 필요가 있습니다.

그러므로 우리가 기도할 때 당면한 문제에서 눈을 떼십시오. 그리고 우리의 생각을 만물을 창조하신 하나님께 기도하고 있다는 사실에 집중하십시오. 창조자 하나님 그분이야말로 너무나 위대하시고 광대하시고 능력 있는 분이십니다.

하나님의 지혜

당신이 기도할 때에 또 하나 중요한 사실은 하나님의 지혜가 무한하심을 인식하는 일입니다. 하나님은 당신 삶의 모든 것을 다 알고 계십니다. 하나님은 현재 당신이 당하고 있는 고난들, 부딪치고 있는 상황들, 지금 안고 있는 문제들을 환히 다 알고 계십니다.

사실 하나님은 수천 년 전에 오늘 당신이 당하고 있는 문제들을 이미 알고 계셨다는 사실입니다. 하나님이 당신의 문제의 해답들도 이미 알고 계셨습니다. 이와 같이 하나님에게는 놀라운 일이란 없습니다. 하나님은 당신의 문제를 해결해 주기 위해 당황하시는 분도 아닙니다. 하나님의 다스림 안에 당신의 모든 상황과 형편이 모두 다 들어있습니다.

절대로 사탄의 역사가 하나님의 지배를 약화시키지 못합니다. 사탄은 하나님의 허락을 받지 않고는 아무것도 할 수 없습니다. 하나님은 사탄에게 경계선을 지어주시며 "너는 이 상자 안에서는 움직일 수 있어도 이 상자 밖은 못 나가"라고 말씀하십니다. 그러므로 사탄이 하는 모든 일은 하나님이 정해 놓으신 한계 안에서만 움직일 뿐입니다.

러시아를 보십시오. 러시아는 세계에서 군사력이 가장 강력한 국가였습니다. 그의 군비와 메가톤의 핵폭탄들, ICBM의 전달 장치와 그 나라의 초 강력한 군사력을 보십시오. 수년 전만 해도 소련이 미국을 매장하려고 얼마나 위협하였습니까. 그러나 하나님이 허락지 않으셔서 성공하지 못했습니다.

모든 일들은 다 하나님의 미리 정하신 섭리를 따라 일어납니다. 당신이 기도할 때에, 어떤 것도 하나님의 손 밖에 있는 것은 없다는 사실을 기억하십시오. 모든 것이 다 하나님의 다스림 안에 있는데, 거기에 덧붙인다면, 그분의 때가 비록 우리의 때와 같지 않을 수는 있겠으나 완벽하다는 것입니다.

그러므로 모든 사물을 바라볼 때, 당신이 기도드리는 하나님이 얼마나 위대하신 분이시며, 말할 수 없는 지혜로 모든 일을 얼마나 완벽하게 다스리시는 분이시라는 것을 깨닫기만 한다면, 당신의 합당한 요구는 전혀 불가능하지 않습니다.

그러므로 만약 당신이 한밤중에 치통으로 고생을 한다면;
"오 여호와 하나님. 당신은 천지를 창조하시고 바다와 그 가운데 만물을 지으셨습니다. 당신은 만물을 다스리십니다. 오늘의 세상 환경을 이미 수천 년 전에 당신은 미리 다 설계하셨습니다. 모든 일이 당신께서 예정하신 계획에 따라 정확하게 이루어지고 있는 것입니다. 오, 하나님. 지금 당신은 치통으로 잠을 못 자는 나의 고통을 다 아십니다. 이 치통을 제거해 주세요!"라고 기도하십시오. 우주를 창조하신 하나님께서 당신의 치통을 없애는 것쯤이야 무슨 문제이겠습니까? 그것이 믿음의 기도입니다.

우리가 하나님에 대한 개념을 크게 가질수록 우리의 문제는 더 작아집니다. 그러나 우리가 큰 문제에 정면으로 부딪치게 되면 "오, 하나님 이 문제는 너무나 크고 기가 막힙니다!"라고 기도합니다.

우리 앞에 놓인 산이 너무 높아 보여 공포에 질려버립니다. 그러나 제일 높은 에베레스트산도 하나님이 창조하셨고, 이 우주의 어디에라도 하나님이 원하시기만 하면 그 산을 옮기실 수 있으십니다.

그러므로 예수님께서 우리에게;
"너희가 만일 믿음이 한 겨자씨만큼만 있으면 이 산을 명하여 여기서 저기로 옮기라 하여도 옮길 것이요 또 너희가 못할 것이 없으리라"(마태복음 17:20) 말씀하셨습니다.

당신이 부딪치고 있는 산은 얼마나 큽니까?
"다음 주까지 청구서를 다 지불해야 하는데 내가 돈을 어디서 구하겠습니까?"

그러나 모든 황금이 어디서 나오겠습니까? 그것도 하나님이 모두 창조하신 것입니다. 하나님은 당신의 필요를 채우는데 아무런 하자가 없습니다. 당신이 하나님의 능력과 그의 지혜와 그의 주권을 깨달아 알기만 한다면 당신은 확신을 가지고 하나님께 모든 구할 것을 쉽게 요구할 수 있을 것입니다.

구약의 아사 왕은, "여호와여 강한 자와 약한 자 사이에는 주밖에 도와줄 이가 없습니다"(역대하 14:11) 기도했습니다. 다른 말로 바꾸면 하나님께는 당신에게 큰 군대가 있든지 작은 부대가 있든지 그건 아무 문제가 되지 않는다는 말입니다.

또한 사울왕 때에 이스라엘은 블르셋과전쟁을 하고 있었습니다 상황은 아주 좋지 못했습니다. 적군과 대치 중에 아침 일찍 요나단은 이스라엘의 원수 블레셋이 멀리 진을 치고 있는 것을 보았습니다.

아버지 사울 왕이 이끌던 군사 중 대부분이 요단강 건너 다 도망가 버렸을 때 입니다. 주위를 둘러보니 자기 진영에 있는 군인들은 모두 잠에 곯아떨어져 있었습니다.

그때 요나단은 옆의 부하를 쿡쿡 찌르면서;

"일어나서 저기 있는 블레셋 군대를 보라. 오늘날 하나님께서 블레셋을 이스라엘에게 붙이기를 원하시는지 알고 싶구나. 만약 그러하시다면 하나님은 큰 군대가 필요 없다. 하나님이 하신다면 블레셋을 우리들에게 아주 간단하게 붙이실 수 있다. 그러므로 우리가 과감하게 블레셋 진영으로 들어가서 오늘날 하나님이 이스라엘에게 역사하시기를 원하는지 보러 가자" 말했습니다.

그래서 두 사람은 블레셋 진영으로 들어가서 공격하였습니다. 결국 두 사람이 블레셋의 전군을 다 쳐 죽였습니다(사무엘상 14:1-8). 이와 같이 하나님에게는 당신이 약하든지 강하든지 아무 상관이 없고 당신이 전군과 함께 있든지 홀로 있든지 아무 문제가 되지 않습니다. 다만 하나님께서 일을 행하시는지 안 하시는지 그것이 문제입니다.

그러면 우리가 어떻게 기도하면 응답을 얻을 수 있겠습니까? 우리가 어떻게 기도해야 효과가 있겠습니까? 그것은 하나님에 대한 올바른 개념을 갖는 것입니다. 그러면 그 나머지는 너무 쉽습니다.

아무 것도 염려하지 말고 오직 모든 일에 기도와 간구로,
너희 구할 것을 감사함으로 하나님께 아뢰라
그리하면 모든 지각에 뛰어난 하나님의 평강이
그리스도 예수 안에서 너희 마음과 생각을 지키시리라
[빌 4:6-7]

제 5 장

기도의 능력

"내가 사망의 음침한 골짜기로 다닐지라도 해를 두려워하지 않을
것은 주께서 나와 함께 하심이라"

신자의 능력은 항상 하나님을 믿는 믿음과 관련되어 있습니다. 예수
님께서도, "나를 떠나서는 너희가 아무것도 할 수 없느니라."(요한복음
15:5)라고 말씀하셨습니다. 그런데 우리는 불행히도 그것을 받아들이지
않을 때가 종종 있습니다.

능력의 근원

사실, 종종 나는 그 반대였던 것 같습니다. 고집스럽게도 나는 예수님을 떠나서도 선한 일을 할 수 있다고 주장했습니다. 나는 항상 내안의 선한 것으로 구원받을 수 있는 어떤 기질을 찾았고, 또 하나님이 사랑하실만한 어떤 성품이 내 속에 있나 없나를 살폈습니다.

나야말로 구제하기 어려운 자칭 의인이었습니다. "좋아요, 주님. 이것은 제가 해 보겠습니다." 그러나 나는 번번이 실패했습니다. 그때마다 주님은 나에게 "나를 떠나서는 너희가 아무것도 할 수 없다"하신 말씀을 기억나게 하셨습니다.

이런 유사한 경험을 통해서 나의 삶 속에서 오직 주의 말씀이 진리라는 것이 여러 번 되풀이하여 증명되었습니다. 그때마다 나는 마음속으로 그리스도를 떠나서는 아무것도 할 수 없습니다. 나는 진실로 약하고 무력한 존재입니다. 고백합니다. 그러나 이러한 실패의 연속 속에서 나는 사도 바울이 발견했던 것과 똑같은 분명한 진리를 하나 발견해냈습니다.

"내게 능력 주시는 자 안에서 내가 모든 것을 할 수 있느니라."(빌립보서 4:13). 나는 그리스도를 떠나서는 전적으로 무력하고 아무런 능력이 없습니다. 나는 그리스도를 통하여서만이 어떤 상황에도 대처해 나갈 수 있는 능력과 어떤 어려움도 극복할 수 있는 힘을 가지게 됩니다. 내 안에 있는 나는 약하나 그리스도 안에 있는 나는 강합니다.

어떤 사람은 자기 스스로 강한 사람이 있습니다. 그들은 자기 자신의 능력을 의지하면서 자신의 독립심과 능력을 만족스럽게 생각합니다. 그러나 아무리 자신이 강하다고 생각할지라도 자신의 능력이 쇠하여지는 날은 반드시 오게 되어 결국은 "나는 이제 할 수 없다.

나는 더 이상 지탱할 수가 없습니다" 고백합니다.

오직 자기 자신만을 신뢰했던 사람에게는 자신의 무력함을 인식하는 그날은 비운과 절망의 날이 될 수밖에 없습니다. 그러나 주님을 의지해 오던 사람에게는 그런 날이 임한다고 할지라도 그에게는 다른 날과 다를 바가 없습니다. 그는 평소에 하나님께 맡기는 법을 배워왔기 때문입니다.

그러므로 자신을 믿고 제멋대로 살며 자기 자신의 힘으로 모든 일을 해왔던 사람은 궁극적으로는 절망에 빠지고 맙니다. 그러나 하나님을 의지하며 능력 얻기를 배워왔던 사람들은 절대로 절망이란 것이 없습니다.

나 자신을 돌아보아도 내가 가진 능력은 항상 인간적인 한계에 부딪혔습니다. 그러나 하나님을 의지하고 하나님의 무한하신 자원을 쳐다볼 때 나를 얼마든지 가능케 하실 수 있는 그분의 무한하신 능력을 내가 소유하게 됩니다.

나는 하나님과 함께 내가 다스릴 수 없는 그런 큰 문제는 아직까지 당해보지 못했습니다. 하나님과 내가 극복할 수 없는 어떤 큰 방해물도 없었습니다. 하나님과 내가 함께 쳐부수지 못할 어떤 강한 원수도 없었습니다.

나를 훼방하는 그 어떤 무리 속에서도 나는 그 무리를 이겨낼 것입니다. 바울은 '만약 하나님이 우리를 위하시면 누가 우리를 대적하겠습니까'(로마서 8:31) 증거하였습니다. 그러므로 당신의 힘과 능력을 하나님으로부터 얻도록 배우십시오.

고린도후서 12장 9절을 보면, 바울은 자신의 부족과 연약함에 대해 고백하였습니다. 그가 자신의 연약함을 자랑하고 있는 것은 그리스도의 능력을 자신에게 머물게 하기 위함이라고 증거 했습니다. 그가 실제로 자신의 약함을 기뻐할 수 있는 것은 자신이 약할 때 강할 수 있었기 때문이었습니다.

나의 가장 큰 약점은 나의 강한 육신을 자인하면서 하나님의 도움을 요청할 필요를 느끼지 않는 것입니다. 반대로 나의 가장 큰 강점은 내가 아주 약한 것을 깨달아 주님의 도움 없이는 아무것도 할 수 없다는 것을 아는 것입니다.

하나님은 우리 능력의 근원이 되십니다. 또한 기도야말로 하나님이 그의 능력을 공급해 주시는 통로입니다.

행동으로 옮기는 기도

느헤미야는 말씀과 기도의 사람이었습니다. 하나니와 다른 몇 사람이 예루살렘을 다녀왔을 때, 느헤미야는 사랑하는 그의 성에 대해 물었습니다. 하나니는 예루살렘의 기막힌 상황을 다음과 같이 전하였습니다.

"성벽은 부서졌고, 백성들은 타락하여 간신히 살아가고 있습니다. 원수들이 쉽게 점령할 것입니다. 아무런 방어책도 없고 성은 완전히 파괴 직전입니다."

거룩한 성 예루살렘의 상황을 들은 느헤미야는 여호와 앞에 앉아 울었습니다. 그리고 난 후 그는 금식으로 기도하면서 자신과 백성들의 죄를 하나님 앞에 고백했습니다. 그는 또 예루살렘에 대한 하나님의 심판이 의로우심을 인정했습니다.

이때 그가 기도 속에서 하나님의 말씀을 어떻게 사용했는지 주의

깊게 보십시오;

"여호와여, 주께서 모세의 입을 통하여 말씀하시기를 우리가 만약 여호와
에게서 돌아서면, 여호와도 우리에게 등을 돌리실 것이요, 우리의 원수들
을 무서워하게 하여, 온 열국에 흩어버리시겠다고 하셨나이다. 그러나 여
호와여, 우리가 만약 다시 당신께 돌아서서 당신의 얼굴을 구하고 당신에
게 부르짖으면, 당신은 우리를 들으시고 우리의 땅을 회복하고 재건하시
겠다고 말씀하셨나이다."(느헤미야 1:1-11)

느헤미야의 심중에는 예루살렘 성을 회복하고 재건하는 것이 그의
짐이 되었습니다. 그러나 성경은 우리에게 하나님께서 어떻게 느
헤미야의 기도에 응답하시면서 그 문을 여셨는가를 보여줍니다.

느헤미야는 수산 궁에서 바사 왕의 술을 담당하는 직원이었습니다.
그 지위의 특권으로 느헤미야는 매일 왕과 접촉할 수 있었습니다.

어느 날 그가 왕의 시중을 들고 있을 때, 왕이 물었습니다.
"느헤미야, 오늘 왜 그리 안색이 좋지 않은가? 그렇게 침울한 얼굴
은 본 적이 없었는데."

느헤미야는 대답했습니다,
 "예루살렘에 대한 소식을 방금 들었습니다. 성은 황폐되고 사람들은
타락해 있답니다. 제가 사랑하는 성이 그렇게 황폐되어 있다 하니 내가
어찌 기쁠 수 있겠습니까?"

이에 왕이 말하기를;
 "내가 너를 위해 무엇을 해 주면 좋겠는가?"

이때 성경은 느헤미야의 순간적 상황에 대하여 이렇게 전합니다.
 "내가 곧 하늘의 하나님께 묵도하고 왕께 고하되……."

왕이 "네가 무엇을 원하느냐?" 물었을때 느헤미야는 즉시 하나님께 기도했습니다. "하나님, 빨리 도와주세요. 내가 무엇이라고 말할까요?"(느헤미야 2:1-4)

느헤미야는 먼저 기도하고 난 다음 행동을 취했습니다. 그것이 바로 순서입니다. 기도하고 난 다음 행동하는 것입니다. 우리가 행동을 취하기 전에 항상 기도한다면 말할 필요도 없이 우리가 취할 행동이 달라지는 경우가 많습니다. 절대로 조급한 행동을 취하거나 온당치 않은 일을 취하지 않을 것입니다.

성경에도 약속되어 있습니다;
"너는 범사에 그를 인정하라 그리하면 네 길을 지도하시리라"
(잠언 3:6).

느헤미야의 삶의 철학은 자신의 생애에 있어서 가장 중요한 일을 결정할 때마다 그는 항상 먼저 기도하고 행동하는 것이었습니다.

왕의 물음에 대한 느헤미야의 대답은 예루살렘 성벽을 재건할 수 있는 허락을 얻는 것이었습니다. 왕은 느헤미야의 요구를 수락하여 그의 부하들과 함께 예루살렘으로 보냅니다.

그러나 느헤미야가 그의 신하들과 성벽을 재건할 때 원수들이 주위에 몰려와서 이스라엘 사람들을 모욕하고 성벽 건축을 조롱하면서 방해하였습니다. 이와 같이 사탄은 하나님의 일하는 것에 용기를 떨어뜨리려고 조소를 사용할 때가 많습니다.

때때로 사탄은 "네가 뭐 그리 대단하다고 생각하냐? 네가 빌리 그래함이라도 되냐? 네가 이 세상을 구원하겠다고?" 이와 같은 조소는 사탄이 자주 사용하는 주된 도구로서 하나님을 향한 당신의 노력을 좌절시키려 합니다.

또한 사탄의 조소는 상당히 저력 있는 무기입니다. 그 이유는 사람들은 그 누구도 조소당하기를 원치 않으므로 사탄이 사용하는 조소에 좌절하고 분노하여 하나님의 사역을 그만두는 때가 허다합니다.

그러나 느헤미야는 바르게 행하였습니다. 원수의 조롱을 가지고 싸우는 대신 그는 하나님께 기도하기를 "하나님이여 들으셨지요, 저희의 욕 하는 것으로 자기의 머리에 돌리어 노략거리가 되어 이방에 사로잡히게 하소서"(느헤미야 4:1-5)라고 구했습니다.

그러므로 절대로 조롱을 돌아서서 되받지 마십시오. 오히려 하나님께 다 맡겨서 하나님이 나서서 당신을 방어해 주시는 것을 택하십시오. 그 이유는 하나님 안에서의 당신은 확실히 강할 수 있기 때문입니다.

원수들은 성벽 재건을 방해하려고 조소를 가해봤지만 끄떡도 하지 않는 것을 알고는 다음 단계로 밤에 그 성벽을 허물기로 작전을 세웠습니다.

성경은 느헤미야는 그 음모를 듣고;
 "우리는 우리 하나님께 기도하며 저희를 인하여 파수꾼을 두어 주야로 방비하였다"(느헤미야 4:9) 기록하였습니다.

여기에 중요한 핵심이 있습니다. 기도가 게으름이나 무모한 행동의 구실이 될 수 없다는 것입니다. 하나님은 당신에게 좋은 상식을 주셨으므로 당신이 그 상식을 잘 사용하도록 기대하십니다.

당신도 만약에 원수에게 위협을 당하면 첫째로 기도하십시오. 그러나 수비하는데 필요한 대책을 취하십시오. 기도 후에 따라 나오는 행동은 믿음이 부족해서 하는 것이 아닙니다.

현실적으로 되십시오. 만약 당신의 시력이 좋지 않아 하나님께 고쳐달라고 기도하신다면, 안과의사가 다시 시력 검사하여 나았다고 말하기 전까지는 안경을 벗어 던지지 마십시오.

우리가 하나님께 기도했다고 해서 무모한 짓이나 부주의한 행동을 취해서는 안 됩니다. 실제적으로 당신은 진정을 다해 더욱 부지런한 행동을 취해야 할 것입니다. 그러므로 어쨌든 먼저 기도하시고 다음 행동으로 옮기십시오. 기도함으로써 당신은 전보다 더 활동성이 강해질 것입니다.

어떤 사람은 나태해져서 하나님이 모든 일을 다 해 주실 것으로 생각하는 사람도 있습니다. 그래서 그 사람들에게 어떤 일을 물어보면 꼭 그 이유를 갖다 댑니다. "난, 그 모든 것을 하나님 손에 다 맡겼어요." 그러나 절대 아닙니다. 하나님은 기도한 것에 대해 당신이 행동 취하기를 기대하십니다.

예를 들어 당신이 지금 직장이 필요한데 마냥 집에 가만히 앉아서 누군가 전화 걸어오기를 기다린다고만 있어서는 안 될 것입니다. 당신은 하나님께 직장을 달라고 기도해야 할 것입니다. 그리고는 나가서 어떤 곳이든지 이력서를 내야 할 것입니다. 그리고 난 후에 하나님께서 원하시는 곳에 직장의 문을 열어달라고 의지해야 할 것입니다.

그냥 가만히 앉아서 "좋아요, 주님 저 직장 하나만 갖게 해 주세요." 당신이 먹고살아야 한다면 그렇게 말해서는 안 됩니다. 그냥 침대에 누워서 "주님, 오늘 나를 먹이시려면 제 입에 음식을 떨어뜨려 주세요."라고 그렇게 수동적으로 되어서는 안 됩니다. 이와 같이 당신의 생활 속의 다른 분야에서도 그렇게 수동적으로 되어서는 정말 안 됩니다.

느헤미야는 우리에게 "그리하여 우리는 하나님께 기도하고", "저희 원수를 인하여 파수꾼을 두었다"라고 증거하였습니다.

그 결과 이스라엘 백성들은 한 손에는 삽으로 다른 한 손에는 무기를 들고 성벽을 쌓았습니다. 원수들이 보니까 저들이 무장하고 준비하고 있으므로 공격하지 않았습니다. 그러나 원수들은 예루살렘을 무너뜨리기 위하여 새로운 방법을 계획하였습니다.

느헤미야는 원수들이 자기와 자기의 군사들의 손을 약화시키고자 애쓰는 것을 알고 하나님께 기도하기를 "이제 내 손을 힘 있게 하옵소서"(느헤미야 6:9)라고 했습니다. 이와 같이 기도의 사람 느헤미야는 결과적으로 행동으로 옮기는 사람이요, 능력의 사람이었습니다.

기도의 사람

어떤 사람을 기도의 사람이라고 하겠습니까? 첫째로 범사에 기도하는 사람입니다. 작은 것이나 큰 것이나 모두를 다 기도합니다. 때때로 우리는 아주 작은 사소한 일은 혹시나 하나님을 번거롭게 하는 것이 아닐까 싶어 기도하기를 꺼려합니다.

하나님은 우주를 다스리기도 바쁘실 텐데 우리 생활에 작은 부분은 그분이 도울 필요가 없을 것으로 생각합니다. 그러나 예수께서는 하늘에 계신 우리 아버지께서 공중의 참새가 땅에 떨어지는 것도 다 아신다고 하셨는데 하물며 우리 인간에게 필요한 것은 더 잘 아시지 않겠느냐고 말씀하십니다(누가복음 12:6-7).

성경은 또 명령합니다. "아무것도 염려하지 말고 오직 모든 일에 기도와 간구로 너희 구할 것을 감사함으로 하나님께 아뢰라"(빌립보서 4:6).

당신이 정말 어떤 사람을 진실로 사랑한다면 아무리 그가 전화를 자주 하고 자주 찾아와도 아무 문제가 되지 않고 오히려 그의 소식을 듣는 것이 반갑기만 할 것입니다. 이와 같이 하나님은 당신을 너무 사랑하시기에 아무리 하찮은 필요라도 상관하지 않으십니다. 하나님은 그저 당신의 말을 듣기를 좋아하십니다.

예수님은 말씀하시기를 "항상 기도하고 낙망치 말아야 한다"(누가복음 18:1)라고 하셨습니다. 그런데도 왜 많은 사람들이 기도할 마음을 잃고 절대 기도하지 않을까요?

나는 사람들이 이런 말을 하는 것을 종종 듣습니다. "내가 지금 무엇을 해야 할지 모르겠군요. 내가 어디서부터 돌아서야 할지 모르겠군요" 이는 그가 좌절하고 있다는 증거입니다.

그러므로 항상 기도를 통하여 하나님의 은혜를 배우십시오. 매사를 하나님께로 향하여 하나님의 손길을 당신에게 임하게 함으로써 당신의 삶이 능력있게 되는 것을 배우십시오.

결과적으로 느헤미야가 하나님과 가까이 지냄으로써 예루살렘의 성벽은 52일 만에 재건되었습니다. 다른 사람들이 그 성벽을 재건했더라면 아마 100년은 걸렸을 것입니다. 그것뿐 아니라 백성들 사이에 영적 부흥운동이 일어났습니다.

하나님의 일을 육신적으로 행하는 동안 느헤미야와 그의 부하들은 영적인 일도 행하였습니다. 이스라엘 백성들은 그 성벽이 재건됨으로써 너무나 기뻐하였고 예루살렘 성안에서 안전하게 거할 뿐만 아니라 모두 함께 모여 여호와께 예배도 드릴 수 있었습니다.

성전에서는 학사 에스라가 하나님의 율법을 백성들에게 낭독해 주었습니다. 그렇게 함으로써 백성들은 회개하게 되었고 하나님 앞에서 통곡할 수밖에 없었습니다. 이렇게 백성들의 마음이 모두 하나님께로 돌아왔습니다(느헤미야 8-9). 이와 같이 한 사람이 하나님과 기도로써 교제하며 살아갈 때 믿기 어려운 결과들을 이루게 되었습니다.

오늘날도 우리 주위를 둘러보면 우리는 참으로 궁핍한 세계 속에 살고 있음을 보게 됩니다. 우리에게는 하나님과 교제하는 사람이 필요하고, 하나님의 능력을 아는 자가 필요하며, 하나님께 기꺼이 기도하여 하나님의 일을 이루게 하는 사람이 필요합니다.

오늘날의 가난하고 버려진 세상을 위하여, 나라와 내가 사는 도시를 위하여, 학교 또는 심지어 당신의 가족을 위해서라도 그런 기도의 사람이 되지 않겠습니까!

항상 기뻐하라
쉬지 말고 기도하라
범사에 감사하라 이는 그리스도 예수 안에서
너희를 향하신 하나님의 뜻이니라
[살전 5:16]

제 6 장

기도하라, 그리하면 내가 응답하리라

"주의 지팡이와 막대기가 나를 안위하시나이다"

나는 항상 성경에 나오는 기도에 관한 사건에 관심이 많습니다. 그 가운데서도 특히 어떤 결과가 나타난 기도에 대해 더 많은 관심을 갖고 있습니다. 구약에서 야베스의 기도는 좋은 예가 됩니다. 그가 기도한 내용을 살펴보면, 그 기도내용 속에서 몇 가지 중요한 사실들을 배울 수가 있습니다.

어떤 하나님을 섬깁니까?

무엇보다도 먼저, 성경은 야베스가 기도할 때에 "이스라엘 하나님께 아뢰어 가로되"(역대상4:10)라고 기록하였습니다. 그러므로 당신이 기도할 때 어떤 하나님께 아뢰어 기도합니까?

어느 날 나는 인생을 허비하며 막사는 듯이 보이는 어떤 사람들을 만난 적이 있습니다. 그들의 외모는 보기만 해도 죄악 가운데서 자기 맘대로 사는 사람들 같았습니다. 우리가 그와 이야기하는 가운데 그들은 내가 목사인 것을 알아채고는 불쑥 이렇게 말을 합니다.

"우리도 이렇게 살아서는 안 되는 줄 잘 알고 있습니다. 그래도 밤마다 기도는 합니다. 기도하지 않고는 잠자리에 들지 않습니다." 이런 사람들은, "자, 이제 자러 갑니다. 그래서 주님께 기도합니다." 할 것입니다. 그렇다면, 지금 그들은 누구에게 기도하고 있습니까? 그들의 생활 속에서 진짜 '주님'은 누구일까요?

사람들은 각양 많은 신들과 많은 주들을 섬기고 있습니다. "주(Lord)"란 것은 그렇게 불리는 이름이 아니고 칭호입니다. 당신의 삶 속에는 누가 '주'가 되십니까? 당신의 기도 가운데서 당신이 아뢰고 있는 대상이 누구인지를 아는 것은 대단히 중요합니다. 예수님은 말씀하시기를, "주여, 주여"하는 자마다 다 천국에 들어가는 것은 아니라고 하셨습니다.

하나님은 예레미야에게 이스라엘 백성들이 내게 부르짖을지라도 내가 듣지 아니할 것이라고 말씀하셨습니다. 다음번에 고난이 너희들에게 닥칠 때는 내게 도움을 구하지도 말고 너희가 섬기는 신들에게 구하라고 하였습니다(예레미야 11:12,14).

그러므로 이스라엘 사람들이 "오, 하나님이여, 우리를 도우소서"라고 부르짖었지만 실상은 바알이나 몰렉 또는 아스다롯 신들을 부르고 있는 것입니다.

하나님께서 인간에게 마지막으로 말씀하시는 것이 "이제 알았다. 너는 그렇게 네 마음대로 살고, 나 아닌 다른 모든 것을 숭배하고 섬겨놓고는 어려움이 오니 이제 날 부르는구나. 다음부터는 어려운 일이 오면 네가 섬기는 신을 부르려무나."라고 하실 때 이미 그 사람에게 비극의 날이 다가온 것입니다.

당신에게 있어 신이란 곧 당신 생활 속에서 최고의 열정을 쏟는 바로 그것입니다. 예를 들어 오늘날 많은 사람들이 지식적인 것을 숭배하고 섬깁니다. 그들은 "알고 이해하는 것이 최고의 선이다"라고 말하면서 "하나님이란 개념을 난 받아들일 수가 없어. 왜냐하면 내 머리로 이해가 되지 않는 것은 어떤 것이라도 난 믿을 수가 없기 때문이야."라고 말합니다. 그러므로 그들이 "오 나의 신이여"라고 기도할 때에 실제적으로 자신의 지성에 기도하고 있는 것입니다.

고대사회에서는 사람들이 많은 것에 신들의 이름을 붙여 숭배하였습니다. 그러나 오늘날은 사회가 너무나 복잡하므로 사람들이 옛 고대 신들의 이름을 자기의 신들에게 그대로 갖다 붙일 수가 없게 되었습니다.

오늘날 열정적인 사랑으로 사는 사람에게 당신의 신이 누구냐고 물으면 "사랑의 여신, 비너스입니다."라고 말하지 않고 단지 "사랑하는 애인입니다."라고 하면서 "사람마다 자기 삶 속에서 가장 최고의 것을 추구하는 것이 있습니다. 나는 사랑이 궁극적인 목적입니다. 그래서 나는 사랑하며 사는 것이 인생의 목적입니다"라고 말합니다. 그러므로 그런 사람이 "오. 신이여!"하고 부르짖을 때 그는 "오 비너스여!"하고 부르짖는 것입니다.

어떤 사람은 쾌락을 제일 중요한 원리로 두고 사는 사람도 있습니다. 그들은 한 주 동안 내내 한군데 마음을 다 쏟고 일하며 살아갑니다. 그날이 바로 주말입니다. "금요일 저녁, 캠프 차에다가 보트를 달고 모래 언덕을 지나 강가를 향하여 달릴 것입니다.

아! 얼마나 즐거운 주말인가!" 일주일 내내 그들은 주말에 즐길 스릴과 짜릿함과 쾌락을 생각하며 지냅니다. 매일 저녁마다 금요일 밤에 출발할 준비물을 갖추느라고 온 집안을 돌아다니며 야단법석입니다.

이와 같이 고대에도 쾌락을 숭배하는 믿음을 가진 자들이 있었습니다. 그들은 자기의 신을 몰렉이라 불렀습니다. 오늘날의 많은 사람도 저들이 "오 하나님"하고 부르짖지만, 실제로는 몰렉을 부르는 것입니다. 그 이유는 쾌락이 저들의 신이기 때문입니다.

어떤 사람들은 권력을 신으로 삼는 사람이 있습니다. "힘은 정의다." 그래서 그들은 권력을 얻기 위하여 더 많이 소유하기를 원합니다. 그들은 더 많이 소유하기 위해서 돈을 모으는데 끊임없는 계획을 세웁니다. 그들은 어떻게 이것은 끊고 저것은 올리며, 여기 또는 저기 투자할까 하며 늘 분석하는데 정신이 쏠려 있습니다. 그래서 그들은 또 투잡을 가집니다.

그들의 관심은 오직 돈, 돈, 더 많은 돈, 모든 것이 다 돈에 중심이 맞춰져 있습니다. 그것은 곧 고대의 황금을 숭상하는 맘몬 신입니다. 그러므로 이 사람들이 곤경에 처했을 때, "오 나의 하나님!"하고 부르짖지만 저들의 하나님인 맘몬은 들을 수 없는 신입니다.

그러므로 당신의 기도가 응답을 받을 가능성은 전적으로 누구에게 기도하는가에 달린 것을 깨닫는 것이 아주 중요합니다. 당신이 나에게 이렇게 구할 수도 있습니다.

"척 목사님, 지금 제가 10만 달러가 필요합니다. 얼마나 위급한 상황인지 모릅니다. 그것을 구하지 못한다면 나는 어찌해야 할지 모르겠어요."

그러나 당신은 내게 일주일 내내 아니 2년을 간청했다해도 내게서는 그 돈을 얻어내지 못할 것입니다. 내게는 그만한 돈이 없기 때문입니다. 당신은 곧 응답할 만한 능력이 없거나 할 수 없는 자에게 간청했기 때문입니다.

바알의 선지자들이 제단에 불을 내려 달라고 그들의 신에게 오전 내내 부르짖었습니다. "오 바알이여, 불을 보내주소서!" 그러나 불은 내려오지 않았습니다.

정오에 이르러 엘리야가 말하기를, "보라, 너희의 신이 어디 간 모양이로구나. 아니면 잠자고 있든지. 좀 더 큰 소리로 불러보시지. 그러면 혹시 들을지도 모르니.."라고 조롱했습니다.

그들은 더 크게 울부짖고 바알 신의 주의를 끌기 위해 몸을 칼로 베고 뛰며 야단법석이었습니다(열왕기상 18:26-29). 그러나 그들이 아무리 불러대어도 저들의 신은 여전히 불을 내지 못하여 제물을 태울 수가 없었습니다. 왜 그렇습니까, 이유는 저들의 신은 응답할 수 있는 능력이 없었기 때문입니다.

사랑이나 돈이나 쾌락이나 지성을 신격화한 것은 비인격적이고 아무 능력도 없는 것을 신격화시킨 것입니다. 정말 필요한 때에는 이러한 신들은 아무것도 해 내지 못하는 것들입니다. 그러나 내가 부르짖는 이스라엘의 여호와 하나님은 우리의 온갖 구하는 것이나 생각하는 것에 더 넘치도록 행하실 수 있는 분이십니다(에베소서 3:20).

하나님의 능력은 끝이 없습니다. 내가 그에게 필요를 부르짖을 때, 주님은 "십만 불이라고? 그것이면 되겠느냐?" 하실것입니다. 이와 같이 그는 나의 모든 필요를 다 채워주실 수 있으십니다. 하나님에게는 내 필요를 채워주시는데 있어 그것이 무엇이 되든지 간에 아무 문제가 되지 않습니다.

내가 요구하는 대상이 여호와 하나님일 때는 그에게 어려운 것이 아무것도 없습니다. 그러나 내가 부르는 대상이 비너스, 몰렉, 맘몬, 바알일 경우에는 정말 까마득합니다. 정말 필요할 때에 절망 중에 아무리 불러도 그들은 도와주어야 할 그곳에 없기 때문입니다.

쾌락을 위해 사는 사람들의 삶은 참으로 공허합니다. 나는 그들이 진짜 필요한 시기에 그들 옆에 있었던 일이 있습니다. 그들의 자녀가 병원에 입원해 있고, 의사가 아무 가망 없는 듯 머리를 흔들며 수술실을 나올 때, 그들은 나를 쳐다보며 "목사님께서 어떻게 좀 해주세요"라고 매달립니다.

이와 같이 그들의 쾌락의 신은 저들이 그런 때를 당했을 때는 단지 공허한 존재일 뿐입니다. 그때의 그들은 아무 위로나, 도움이나, 소망을 둘 곳이 없습니다.

그러나 여호와를 섬기며 그를 당신의 주님으로 부르면서 그가 도움을 줄 수 있는 분임을 알게 되면 너무나 자랑스러워집니다. 우리 하나님은 도와주실 수 있을 뿐 아니라 또한 기꺼이 도와주시기를 원하십니다.

바울은 아레오바고에 서서 아테네 사람들에게 하나님에 대해 이야기를 해 주고 싶었습니다. 저들이 알지 못하는 신이라고 불렀던 그분이 바로 천지와 그 가운데 있는 만물을 지으신 하나님이라고 말해주었습니다.

"우리가 그를 힘입어 살며 기동하고 있다"(사도행전 17:22-28). 그분이 바로 내가 요청할 때, 부르짖는 하나님이 되시며 나를 다스리고 내 삶의 '주'가 되시는 분입니다.

야베스의 간구

자, 이제 야베스의 기도를 살펴봅시다. 무엇보다 먼저 그는 이스라엘의 하나님께 아뢰어 구하기를 "원컨대 주께서 내게 복에 복을 더하사"(역대하 4:10). 야베스는 "내게 복을 달라"는 말을 부끄러워하지 않았습니다.

나도 하나님께 복을 달라는 말을 부끄럽게 여기지 않습니다. 나도 하나님께 복 받기를 원합니다. 하나님께서 내게 주시고자 하는 복을 다 받기를 원합니다. 또한 내가 다른 사람에게 복이 되려면 내가 먼저 하나님으로부터 복을 받아야 합니다.

자, 야베스가 요구한 복에 대하여 살펴봅시다. 먼저 그는, "나의 지경을 넓히시고"(역대상 4:10)라고 구했습니다. 이스라엘 백성들이 약속의 땅에 들어왔으나, 아직도 많은 땅이 원수의 손아귀에 있었습니다.

하나님은 그 땅 전부를 주시겠다고 약속하셨는데, 아직 하나님의 약속을 완전히 받지 못했습니다. 그래서 야베스는 기도하기를 "여호와여, 내 지경을 넓혀주소서" 이 뜻은 실제적으로 "당신께서 내게 주신 모든 것을 다 소유할 수 있도록 도와주세요"라고 기도한 것입니다.

나도 내 삶 속에서 이 같은 기도를 합니다. "하나님, 주께서 내게 주시고자 약속하신 모든 것을 다 받을 수 있도록 도와주소서" 하나님은 우리에게 보배로운 약속들을 풍성하게 하셨습니다. 우리가 그리스도 예수 안에서는 천국에 사는 것과 같은 영광스러운 영적 분위기 속에서 살 수 있습니다. 그러나 대신 우리는 쓰레기 밑바닥에서 질질 끌며 더러움 속에 누추하게 사는 것을 선택했던 것입니다.

이 땅에서 그런 삶을 즐길 수도 있겠지만 나는 그곳의 삶을 누리고 싶습니다. 그래서 나는 기도합니다. "주님, 저에게 복을 주셔서 내게 주신 모든 것을 다 누리게 하소서. 내게 이미 베풀어주신 은혜도 너무 감사합니다만, 주님, 당신은 더 많은 것들을 약속하지 않았습니까?"

당신은 하나님께서 당신에게 하시고자 원하시는 것들의 문을 왜 닫습니까? 어떤 사람들은 "나는 성령 은사의 필요성을 그렇게 느끼지 않습니다." 말하기도합니다. 그러나 솔직히 말해서 나는 하나님께서 제게 필요한 것을 제공해 주시는 것은 물론이요, 하나님이 제게 허락하시는 모든 것은 무엇이든지 다 받기를 갈망합니다.

나는 하나님께 나아갈 때, 어떤 문도 닫지 아니합니다. 나는 "주님, 제가 여기 있습니다. 당신의 뜻대로 행하십시오. 당신의 길에 제가 어떤 장애물도 두지 않게 해주세요. 나의 지경을 넓혀주시고 당신이 약속하신 모든 것을 다 소유할 수 있도록 허락하여 주세요"청합니다.

내가 하나님께 어떤 축복들은 달라고 말하고 어떤 것들은 거절하겠다고 했다면, 실제로 나는 하나님의 지혜보다 나의 지혜를 더 높이고 있는 것입니다. 내가 "나의 필요에 대하여는 하나님 보다 내가 더 잘 알고 있습니다" 말하는 것과 같습니다. "하나님, 이런 것은 해 주시고 저렇게 하는 것은 원치 않습니다."하는 것과 같습니다. 그러나 하나님의 축복은 내가 정하는 것이 아닙니다!

"하나님께서 저의 지경을 넓혀주소서. 하나님께서 나에게 복을 주소서. 나의 삶 속에서 하나님 당신이 원하시는 모든 것을 다 행하소서" 기도해야합니다. 그리고 또 야베스는 기도하여 "주의 손으로 나를 도우사(나와 함께 하시어)"(역대상 4:10) 라고 기도했습니다.

나의 인생행로 중에 내가 하는 일마다 하나님의 손이 나와 함께 하시는 것은 대단히 중요한 일입니다. 하나님의 손길이 없이 나 스스로 어떤 계획을 수행해 나간다는 것은 대단히 위험한 일입니다.

모세도 하나님께 "주께서 친히 가지 아니하시려거든 우리를 이곳에서 올려 보내지 마옵소서"(출애굽기 33:15) 기도했습니다. 하나님이여, 당신이 나와 함께 가지 아니하시면 나를 아무데도 인도하지 마옵소서. 나의 삶 위에 하나님의 손이 있다는 것을 알 때에 믿음으로, 위로 받으며, 힘 있게 나아갈 수 있습니다. 그런 때에는 더 이상 떨 필요도 없습니다.

계속해서 야베스는 "환난이 없게 하옵소서"(역대상 4:10) 기도했습니다. 이 기도는 매우 중요하기에 예수님도 주기도문의 마지막 부분에서 가르치셨습니다. "악에서 구하옵소서"(마태복음 6:13) 악은 항상 우리를 끌어다가 자기의 그물에 걸려들게 하려고 애쓰고 있습니다.

우리는 쉽사리 원수의 그물에 걸려들어 평생에 견딜 수 없는 괴로움에 빠져들어 고통 속에 시달리면서 살거나, 아니면 어떤 악의 세력이 나를 꼼짝 못 하도록 만들곤 합니다.

우리가 의로운 삶을 산다는 것은 대단히 어려운 일입니다. 사실, 우리 인간의 힘으로 그렇게 산다는 것은 불가능합니다. 의롭게 살 수 있는 것은 오직 내 속에 하나님의 영의 능력을 갖출 때만이 가능합니다.

야베스는 계속 기도합니다;
"환난에서 벗어나 근심이 없게 하소서"[역대상 4:10].

악이 가장 기본적으로 들고 오는 제안은 슬픔이 없어 보이게 하는 것입니다. 오히려 짜릿하고 굉장히 재미있어 보입니다. 악은 때때로 외적으로는 굉장히 번창하는 것처럼 보이면서 다가옵니다.

"단시일 내에 손쉽게 일확천금을 벌 수 있단 말이오. 그런 수입을 한번 생각해 보시오. 그런 이익금을 가지고 당신이 무엇을 할 수 있는가 생각해 보시오"

이와 같이 악이 제일 먼저 보여주는 것은 즐거움과 쾌락, 짜릿한 흥분, 그리고 이득이 되는 소유들입니다. 그러나 그 결과는 항상 비통함입니다. 지금 당장은 그런 생각이 들지 않을지도 모릅니다.

죄는 오늘 현재 당신에게는 아주 짜릿한 즐거움처럼 보일지도 모릅니다. 그러나 지혜로운 사람은 항상 자기가 걷고 있는 길의 맨 마지막 목적 지점을 생각하고 있는 사람입니다.

지금 당신이 걸어가고 있는 길은 어디입니까? 만약 그 길이 악한 길이라면, 친구여 그 길은 당신을 비탄에 빠지게 할 것입니다. 시편 73편에서 아삽은 사악한 자가 잘 되는 것을 보고 부러워하는 어리석음을 범했다고 했습니다. 그것을 보고 그는 하나님께 헌신하여 동행하던 걸음이 흔들릴 뻔했으나 결국 악인의 말로를 생각해 보았다고 말했습니다.

솔로몬은 그의 아들에게 음녀에 대해 경고하고 있습니다;
"대저 음녀의 입술은 꿀을 떨어뜨리며 그 입은 기름보다 미끄러우나 나중은 쑥같이 쓰고 두 날을 가진 칼같이 날카로우며 그 발은 사지로 내려가며 그 걸음은 음부로 나아가나니"[잠언 5:3-5]

죄는 처음 슬쩍 훑어볼 때는 흥미로운 것같이 보이나, 결국 그 길은 사망과 지옥행입니다. 솔로몬도 "어떤 길은 사람이 보기에 바르나 필경은 사망의 길이니라"(잠언 14:12)고 선언했습니다.

응답

야베스가 기도한 결과는 무엇이었습니까? 성경은 말하기를 "하나님은 그가 간구한 것을 들어주셨다"고 증거 했습니다. 하나님을 찬양합니다. 야베스는 하나님께 자기를 축복해 달라고 구했는데 하나님은 그를 축복해 주었습니다. 그는 하나님께 그의 지경을 넓혀달라고 구했을 때 하나님은 그의 지경을 넓혀주셨습니다.

야베스는 기도하기를 "하나님이여, 주의 손이 내게 임하게 하소서"라고 했더니 하나님은 그의 위에 하나님의 손이 임하게 하셨습니다. 야베스는 또한 "하나님이여, 악에서 나를 보전하소서"라고 구했더니 하나님은 그를 악에서 보호하셨습니다.

우리가 하나님께 기도할 수 있다는 것이 얼마나 영광스러우며 또한 우리가 하나님의 뜻을 따라 기도할 때에, 성경은 약속합니다.

"그를 향하여 우리의 가진바 담대한 것이 이것이니 그의 뜻대로 무엇을 구하면 들으심이라 우리가 무엇이든지 구하는 바를 들으시는 줄을 안즉 우리가 그에게 구한 그것을 얻은 줄을 또한 아느니라"
[요한일서 5:14-15].

나도 하나님께 나를 축복해 주시고, 나의 지경을 넓혀주시고, 하나님의 손이 늘 나와 함께 해 주시며, 악에서 나를 보호해 달라고 믿음으로 기도할 수 있습니다. 왜냐하면 이것이 바로 나의 생애를 향한 하나님의 뜻이기 때문입니다.

하나님께 구하십시오. 그러면 여러분도 역시 받게 됩니다. 예수님은 말씀하시기를, "구하라 그리하면 받으리니 너희 기쁨이 충만하리라"(요한복음 16:24)고 하셨습니다.

제 7 장

기도하지 않는 죄

"주께서 내 원수의 목전에서 내게 상을 베푸시고"

당신이 주님과 동행하게 되면 하나님은 당신이 허락한 수준에서 최고로 높이실 것이며, 또한 그 최고의 수준에서 하나님은 당신에게 최선을 다 하실 것입니다.

하나님의 권위

불행히도 우리는 하나님의 뜻에 복종하는 것보다 우리 자신의 뜻을 고집함으로써, 우리 생애를 통하여 하나님이 하시고자 하는 일이 더 많이 있으신 데도 우리는 늘 "이것이 제가 원하는 길인데요, 하나님"하고 고집합니다.

이렇게 우리는 자신의 뜻을 내세우면서 하나님의 최고의 방법을 두 번째나 세 번째로 평가절하시킬 때가 많습니다. 내 생애에서 그분의 역사가 종종 제한되는 것은 내가 하나님의 방법을 무시하기 때문입니다.

이스라엘 국가가 그와 같은 경우입니다. 이스라엘은 한때는 하나님이 다스리는 신정국가였습니다. 그러나 백성들이 더 이상 하나님이 다스리는 것을 원치 않을 때가 이스라엘의 역사에 있었습니다. 그들은 주변 국가들과 마찬가지로 왕을 요구했습니다. 이스라엘을 신정국가에서 군주국가로 타락시킴으로써 국가가 불운에 빠지게 되었습니다.

하나님은 백성들의 요구를 응해주시면서 사무엘에게 사울을 왕으로 세우는 기름을 부으라고 명하셨습니다. 하나님은 이스라엘 백성을 쓸어버리지는 않았지만 "이제 나는 너희들과 끝났다" 말씀하셨습니다. 그러나 그들은 여전히 하나님의 백성으로는 남아있었습니다. 그래도 하나님은 저들이 하나님께 열어놓은 조건 속에서는 최선을 다해 주셨습니다. 그리고 하나님은 이스라엘을 위해 왕을 지명해주셨습니다.

그러나 하나님은 여전히 저들의 결정에 기뻐하지 않으심을 백성들이 알기를 원했습니다. 하나님은 사무엘을 통하여 저들의 밀밭에 비를 내리시겠다고 하셨습니다. 하나님께서 우레와 비를 보내자 백성들은 두려워하기 시작했습니다. 백성들이 사무엘 앞에서 "우리가 죄를 지었나이다. 여호와께 기도하여 우리가 죽지 않게 하소서. 우리가 우리의 모든 죄에 왕을 구하는 악을 더 하였습니다" 울며 부르짖었습니다.

이때 사무엘이 백성에게 이르되;
"두려워 말라. 너희가 과연 죄는 지었으나 여전히 전과 다름없는 하나님의 백성이로다. 그가 자기의 이름을 위하여 너희를 택하셨도다."

그리고 난 후 사무엘은 놀라운 말을 합니다;
"나는 너희를 위하여 기도하기를 쉬는 죄를 여호와 앞에 결단코 범치 아니하리라" (사무엘상 12:16-23)

이 말씀을 따르면 기도하지 않는 것은 실제적으로 죄가 된다는 것입니다. 그렇다면 우리는 얼마나 기도하지 않는 죄를 범하고 있습니까. 그러므로 우리가 기도하지 않는 것이 얼마나 하나님께 치욕이 되는가를 생각해 보아야할 것입니다.

하나님은 우주를 지으신 창조주이십니다;
"만물이 그로 말미암아 지은 바 되었으니 지은 것이 하나도 그가 없이는 된 것이 없느니라"(요한복음 1:3).

이 광대한 우주를 창조하신 그분이 당신에게 오셔서, 자기와 함께 이야기하며 교제하자고 우리를 초청하셨습니다. 그분이 당신에게 자기에게 와서 네가 필요한 것이나 어떤 문제든지 같이 의논해 보자고 오라고 합니다. 그러나 우리는 모두 이 초청을 외면해 버립니다.

당신의 우체통에 미국 대통령의 상징무늬가 새겨져 있고 도장이 찍힌 초청장이 날아왔다고 합시다. 그 편지를 열어보니 백악관에서 모든 경비를 다 부담하여 당신을 정식으로 초청하는 편지가 들어있었다고 합시다. 당신은 어떻게 하시겠습니까? 그냥 던져버리겠습니까? 아니지요, 그 대통령을 당신이 지지하든지 반대하든지 간에 그는 대단히 높은 인물입니다. 당신은 당장 참석한다고 통보할 것입니다.

당신이 한 인간의 초빙에도 황송해하면서 응답하는데, 하물며 하나님께서 당신을 오라고 초빙하여 함께 교제를 나누자고 할 때 거절당한 그 굴욕감을 생각해 보십시오.

어쩌면 당신은 아마도 이렇게 말하겠지요;
"나는 기도할 시간이 정말 없어요"

그러나 당신은 텔레비전 볼 시간은 있지요. 이와 같이 우리는 자신이 정말 하고 싶은 것은 어떻게 해서라도 시간을 내어서 하고 맙니다. 그러므로 하나님은 우리가 진짜 하나님과 교제하기를 원치 않는 것으로 생각하십니다. 그것은 정확한 생각입니다.

우리의 육신은 기도하기를 싫어합니다. 왜냐하면 기도는 영적 활동이기 때문입니다. 그래서 기도하자마자 곧 피곤해지는 이유가 거기에 있습니다. 육신은 나의 영적 활동인 기도하는 것을 반대하는 강한 반응을 나타내며, "주님 지금 너무 잠이 와요"말합니다.

영과 육은 서로 간에 항상 싸우고 있습니다. 영적인 활동 속에 들어갈 때마다 육신은 강한 반발을 나타냅니다. 그래서 어떤 구실이든지 찾아냅니다.

"지금 기도하기에는 너무 화가 나 있어요."
"기도하기에는 너무 몸이 피곤합니다."

그러나 기도하지 않는 것은 실제로 하나님의 일을 방해하는 것입니다.

어쩌면 당신은 이렇게 말할 수 있겠지요;
"하나님이 만물의 주권자 아니십니까? 하나님이 원하신다면 하나님께서 무슨 일인들 못 하시겠습니까? 하나님이 온 우주를 다스리지 않습니까? 그런데 어째서 내가 기도하지 않는 것이 하나님의 일을 방해하는 것이 됩니까?"

선택의 자유의지

물론 하나님께서 다스리시는 것은 사실입니다. 그러나 하나님께서 우리를 창조하실 때 스스로 선악을 구별할 줄 아는 존재로 창조하신 것도 사실입니다. 그러므로 우리에게는 자유롭게 선택하고 행할 수 있는 능력이 있고, 하나님은 우리의 자유의지를 사용해서 행하는 것을 기대하십니다.

하나님은 억지로 자기의 뜻을 행하지 않으실 뿐더러 당신의 생활 속에 자기의 소원을 억지로 행하게 하시지는 않습니다. 하나님은 당신에게 선택할 수 있는 능력을 주셨고, 그는 당신의 선택을 존중하십니다.

하나님은 이 땅에 하나님의 역사를 이루실 때는 기도를 통하여 하시되 우리가 기도 속에서 동의함으로써 함께 일을 하시게끔 만들어 놓으셨습니다.

시편 기자는 이스라엘 국가는 "이스라엘의 거룩한 자를(제한함으로써) 격동하였도다"(시편 78:41)라고 선포하고 있습니다. 이 말은 무한하신 하나님께서 인간의 불신 때문에 제한당하고 계시다는 말입니다. 그렇다면 당신을 기도하지 못하게 방해하는 것이 무엇이겠습니까? 바로 불신입니다. 당신의 불신 즉, 믿음 없음 때문에 당신도 하나님이 당신에게 행하시고자 하는 일을 실제적으로 제한하고 있습니다. 그러므로 예수께서 다음과 같이 말씀하셨습니다.

"너희가 나를 택한 것이 아니요 내가 너희를 택하여 세웠나니 이는 너희로 가서 과실을 맺게 하고 또 너희 과실이 항상 있게 하여 내 이름으로 아버지께 무엇을 구하든지 다 받게 하려함이라"[요한복음 15:16].

하나님은 당신에게 많은 것들을 주기 원하시지만 어떤 것은 당신이 기도하기 전까지는 주시지 않을 것입니다. 기도함으로써 당신은 하나님이 원하시는 일들을 당신을 통해서 하실 수 있도록 실제적으로 문을 열어드리는 것입니다. 그러므로 우리의 부족한 기도 때문에 우리는 하나님의 원하시는 일들의 극히 단면만 볼 뿐입니다.

하나님의 명령

하나님은 우리에게 기도하라고 명령하십니다. 그러므로 기도하지 않는 것은 하나님을 대적하는 불순종의 행위입니다.

성경은 우리에게 다음과 같이 명하였습니다;
"쉬지 말고 기도하라"[살전 5:17],
"항상 기도하고 낙망치 말아야 될 것이라"[눅 18:1]

그러므로 기도하지 않는 것이 죄가 되는 이유는 하나님의 실제적인 명령을 복종하지 않기 때문입니다. 우리는 또한 서로서로 기도해 주어야 합니다. 나는 목사로서 양 떼를 위하여 기도하지 않는다면 죄를 짓는 것입니다. 그러므로 사도 바울은 우리에게 다음과 같이 권고하였습니다.

"서로 기도하라"(약5:16),
"너희가 짐을 서로 지라 그리하여 그리스도의 법을 성취하라"(갈 6:2)

때로 우리가 다른 사람의 문제를 가지고 기도할 수 있습니다. 그런데 그 문제가 즉시 해결이 안 날 때, 실망한 나머지 그 사람을 위해 함께 기도하는 것을 중단하기도 합니다.

우리는 자신의 생활 속에서도 똑같은 잘못을 저지르면서 다른 사람이 잘못하면 굉장히 나쁘게 여깁니다. 다른 사람이 범하는 것을 항상 더 나쁘게 보는 것이 우리의 죄성입니다.

사무엘은 하나님께서 백성들의 마음을 돌이켜서 더 이상 왕을 요구하지 않게 해 달라고 기도했습니다. 사무엘은 하나님께서 친히 이스라엘을 다스리고 통치하시기를 원했습니다. 그가 그렇게 기도하고 난 후에도 이스라엘 백성들은 여전히 왕을 요구했습니다.

이에 사무엘도 정나미가 떨어져서 "나는 이렇게 고집 세고, 목이 곧은 백성을 위해 더 이상 기도해 줄 수가 없어. 자기들이 뿌려놓은 것, 자기들이 거두어야지." 말할 수도 있었습니다. 그러나 사무엘은 오히려 그들에게 약속했습니다.

"나는 너희를 위하여 기도하기를 쉬는 죄를 여호와 앞에 결단코 범치 아니하겠노라"(사무엘상12:23).

기도하지 않는 원인들

당신 자신을 잘 살펴보면, 당신의 생활 속에서 기도가 부족한 많은 이유를 발견하게 될 것입니다. 그 첫째 이유가 곧 시간이 부족하다는 것입니다.

사실 오늘날 우리 사회는 하나님이 원래 의도하시는 것보다 더 바쁜 사회가 되었습니다. 하나님께서 맨 처음 우리 몸을 창조하셨을 때는 오늘날 우리가 사는 것보다 한 걸음 더 훨씬 쉽고 편안하게 살아갈 수 있도록 하셨습니다. 그러나 오늘날의 우리 사회와 생활 양상은 하나님과 홀로 조용한 시간을 갖기에는 너무나 어렵게 되었습니다.

거기다가 또한 기도하는데 방해받지 않는 조용한 장소를 발견하는 것도 대단히 어렵습니다. 하나님과 홀로 있을 만한 조용한 장소를 발견하는 것은 더욱더 어렵게 되었습니다. 이 세상은 더 혼란하고 복잡하게 되어가고, 사탄은 당신이 하나님과 나눌 수 있는 조용한 시간은 어떤 일을 해서라도 방해하고 맙니다.

예를 들어, 당신은 전화 한 통화 없이 일주일 내내 지낼 수도 있습니다. 그러나 어떤 때는 외롭다 싶어 전화벨이라도 울렸으면 할 때도 있습니다. 그런데 하나님께 무릎 꿇고 기도만 하려고 하면 갑자기 잘못 걸려온 전화벨이 울리기도 하고, 또는 누가 문밖에 찾아와 벨을 누르기도 하고, 또는 사랑하는 딸아이가 울면서 뛰어 들어오기도 할 것입니다. 이처럼 기도만 하려고 하면 방해가 생깁니다.

기도하지 못하게 하는 또 다른 방해는 생각지도 않은 것들이 당신의 마음을 산란하게 만듭니다. 당신이 어떤 문제를 가지고 기도하기 시작했다 합시다. 기도한 지 얼마 지나지 않아서 당신의 마음은 어느새 파도를 타고 있습니다. 잔잔한 파도는 곧 큰 파도로 바뀌고 다음 장면은 너무 아름답습니다. 당신의 마음은 어느새 파도타기에 정신이 팔려있는 것입니다. 그때 '아이고, 주님 죄송합니다. 내가 또 한눈을 팔았습니다. 다시 기도할게요'라고 말합니다. 이와 같이 우리의 마음은 잠시 옆으로 빗나가기 일쑤입니다.

다음으로 기도를 방해하는 것은 졸음입니다. 우리가 사는 사회는 너무나 스트레스가 많습니다. 그래서 잠시 시간을 쪼개어 쉬고 싶어 합니다.

예를 들어, 당신이 침대 옆에서 무릎 꿇고 머리를 두 팔 속에 집어넣고 기도해 보십시오. 그야말로 잠자기 좋은 자세 아닙니까? 그래서 한창 기도하는 중에 어느새 잠에 빠져버립니다. 한참 후에 보면 다리와 무릎이 쑤시고 아파서 깨어나게 됩니다. "아이고, 또 잠이 들었구나!" 그때에야 또 실패한 것을 깨닫게 합니다.

침대에 엎드려 베개에 머리를 파묻고 기도한다는 것은 더욱 어렵습니다. 그러나 그것이 나쁘다고 말하진 않겠습니다. 나도 매일 밤 잘 때 그렇게 주님과 이야기를 한답니다. 내가 잠들 때까지 주님과 대화를 즐기면서 잠이 듭니다. 그러나 우리가 하나님과 좋은 대화의 시간을 가지려면 더 왕성하고 맑게 깨어 있는 정신을 가져야 할 것입니다.

해결책

그러면 우리가 기도하지 못하는 이러한 문제들을 어떻게 극복할 수 있겠습니까? 내가 몇 가지 실제적인 방법으로 제안해 보겠습니다. 적어도 많은 시간 속에서 하나님께 기도하는 시간을 갖도록 우리 자신을 훈련해야 합니다. 절대로 바쁜 현대인의 생활 속에서 기도할 시간은 찾을 수 없기 때문입니다. 그러므로 기도시간은 내가 설정해야만 합니다.

모든 생활은 우선순위가 있습니다. 우리가 한 번에 하고자 하는 모든 일을 다 할 수는 없습니다. 그래서 더 중요한 것을 하기 위해 덜 중요한 것은 항상 희생해야 합니다. 현명한 사람은 잘 생각해서 자기의 주어진 시간을 알맞게 사용하여 가장 우선적인 일들을 잘해

내는 사람입니다.

그러나 믿는 당신에게 기도야말로 당신의 생활 속에서 가장 중요한 일입니다. 그러므로 기도는 어떤 해야 할 일보다도 가장 맨 위 우선 순위에 있어야 합니다. 당신이 먹는 시간이나 신문 읽는 시간을 빼 내더라도 기도 시간은 반드시 가져야 합니다.

두 번째, 방해받지 않는 조용한 장소를 찾으십시오. 그것은 좀 힘이 들겠지만 그래도 애를 써야 합니다. 나는 하나님과 단둘만의 시간 을 가지려고 산책도 나가고 차를 타고 드라이브도 합니다. 나는 또 한 우리 가족들보다도 훨씬 더 일찍 일어나기도 합니다. 기도는 제 가 잠자는 것보다 더 중요하며, 또 이른 아침 시간에는 전화도 거 의 오지 않습니다.

나의 마음이 중심을 잡지 못하고 방황할 때에는 나는 보통 소리 내 어 기도합니다. 물론 하나님께서 내 마음속을 알고 계시는 것은 사 실입니다마는 내가 마음으로 기도하려고 애를 써도 생각이 딴 데 가 있을 수도 있습니다.

"주님, 이것도 돌봐주시고, 저것도 도와주세요. 또한 이것에 대해서 감사드립니다."라고 마음속으로 기도하다 보면 어느새 딴생각에 젖 어 들기도 합니다. 그러나 내가 소리를 내어 기도하면, 내가 기도해 야 할 말들을 생각해야 합니다. 그렇게 함으로써 하나님과의 대화 를 집중시켜 나가게 됩니다.

내 몸은 편안한 의자에 앉아 있을 때 기도하는 것이 최고 좋다는 것 을 압니다. 그러나 눈은 감지 않아야 합니다. 눈감았다 하면 금방 졸 음에 빠질 위험이 있거든요.

내가 어릴 때 눈을 감지 않으면 하나님이 듣지 않으신다고 들어 왔습니다. 어떤 목사님이 자기가 고등학교 다닐 때 농구 시합을 하는데, 그 팀이 시합 전에 기도하기로 작정하였답니다.

그때 어떤 학생이 말하기를 "자 모두 눈감으시오. 눈 뜨면 우리 팀이 질 것입니다." 그런데 그 목사님이 눈을 살며시 떠서 모두 눈을 감고 있는 살펴보았다고 합니다. 그런데 시합에서 그만 지고 말았답니다. 그 목사님은 자기가 눈을 떠서 그들이 시합에서 졌다는 죄책감을 오랫동안 가졌다고 합니다. 참으로 우스운 일이지요,

어쨌든, 성경에도 끊임없이 기도하라고 명령하고 있습니다(살전 5:17). 이 말씀으로 기도란 우리의 몸의 자세를 말하는 것이 아님을 알 수 있습니다.

만약 내가 기도할 때에 무릎을 꿇어야 한다면, 끊임없이 기도하기 위해서는 절대로 무릎을 펴지 말아야 한다는 뜻이 됩니다. 그와 마찬가지로 하나님은 우리가 기도할 때에 꼭 눈을 감아서 기도하라고 하시지 않습니다. 그렇게 끊임없이 기도하라시면 눈을 절대로 뜰 수 없게 됩니다. 내가 눈을 뜨든지 감든지 하나님은 나의 기도를 다 똑같이 듣고 계십니다.

나는 또 기도할 때 졸음이나 잠 오는 것을 방지하는 한 방법으로 걷는 방법을 발견했습니다. 내가 걷는 동안은 졸지를 못합니다. 나는 때로 방안에서 왔다 갔다 하며 걸어 다닙니다. 어떤 때는 들에 나가 걸으면서 또는 마당에서 걸으면서 하나님과 대화합니다. 저의 가장 충실하고도 축복받는 기도 시간중의 하나는 걷는 시간입니다.

내가 하나님께 기도할 때는 마치 제일 친한 친구에게 이야기하듯이 기도합니다. 나는 이상한 리듬을 넣어서 기도하거나 또는 막 소리 지르거나 그렇게 하지 않습니다. 하나님은 진짜 나를 잘 알고 계십니다. 그러므로 내가 기도할 때 어떤 리듬을 넣어서 할 필요도 없

습니다.

나는 있는 그대로의 모습으로 하나님께 기도합니다. 하나님께 나의 모든 문제와 의문점들, 물을 것들을 다 말합니다. 하나님께는 할 수 있는 한 모든 것을 솔직하게 다 고백합니다. 내가 그렇게 아니한다고 할지라도 하나님은 본래의 나를 너무나 잘 아시기 때문입니다. 내가 어떤 일을 가장하여 꾸민다 해도, 속고 있는 것은 나일뿐이지 하나님은 절대 속지 않으십니다.

내가 하나님께 "주님, 주님도 아시다시피 이 사람을 사랑해야 하는데 진실로 깊이 사랑하지 못하고 있습니다." 이렇게 말하는 것은 진실을 숨기려는 의도요, 내가 그렇게 나쁘지 않은 것처럼 보이려고 하는 것입니다. 오히려 하나님께 "하나님, 난 정말 그 사람이 싫습니다. 정말 참을 수가 없어요. 나는 그놈을 볼 때마다 코를 한 대씩 쥐어박고 싶습니다"라고 바로 말씀드리는 것이 좋습니다. 주 앞에 선 자신의 마음에 솔직하기 바랍니다. 그리고 잘못된 것이라면 회개하십시오.

나는 하나님께 대화식으로 기도합니다. 이 말은 나도 역시 귀를 기울여야 한다는 뜻입니다. 하나님도 내 말을 되받아 주고받고 말씀하시고 싶어 합니다. 나를 창조하신 하나님과 그렇게 교통하며 교제할 때 얼마나 기쁨의 축복을 누리는지 모릅니다.

부디 하나님께서 우리의 기도하지 않는 죄를 용서해주시기 원합니다. 우리가 뜨겁게 기도할 수 있도록 하나님께서 우리를 도와주시기 원합니다. 이 악한 세상 속에서 우리의 충만한 기도를 통하여 하나님의 일이 능력 있게 이루어지는 것을 볼 수 있기를 기원하는 바입니다.

제 8 장

어떻게 그리스도인이 되는가

"기름으로 내 머리에 바르셨으니 내 잔이 넘치나이다"

성경은 "모든 사람이 죄를 범하였으매 하나님의 영광에 이르지 못하더니"(로마서 3:23)라고 기록했습니다. 이와 같이 모든 사람에게 받아들이기 어려운 사실이지만 나쁜 소식이라고 기꺼이 들을 수 있어야 좋은 소식도 감사하며 받아들일 수 있게 됩니다.

죄인과 그리스도

무엇보다도 첫째로, 당신이 죄인임을 시인해야 합니다. 당신은 과녁을 맞히지 못했음을 깨달으십시오. 이것은 우리 모두에게 다 적용되는 사실입니다. 우리는 고의로 선에서 벗어나는 일을 한 번만 한 것이 아니라 여러 번 행했습니다.

두 번째 예수 그리스도께서 우리를 위하여 십자가 위에서 죽으셨음을 깨달아야 합니다. 우리의 죄 때문에 하나님은 그 아들 예수 그리스도를 사람으로 오시게 하여 그 죄를 해결하게 하셨습니다. 그러나 예수님은 우리와 같은 죄인이 아닙니다.

그는 하나님 곧 창조의 신이십니다. 그가 사람의 몸을 입고 오셔서 나의 죄를 십자가 위에서 해결하셨습니다. 그것은 하나님께서 창조하신 우리와 온전한 교제를 통하여 영광을 받으시고자 하신 것입니다. 그를 위하여 거룩한 그리스도의 피로 죄의 값을 치르시고 아들로 구속시키신 것입니다.

세 번째 우리는 우리의 죄를 회개해야만 합니다. 하나님은 어떤 곳에 있는 사람이든지 회개하라고 명했습니다. 사도행전 3장 19절에도 "그러므로 너희가 회개하고 돌이켜 너희 죄 없이 함을 받으라 이같이 하면 유쾌하게 되는 날이 주 앞으로부터 이를 것이요" 기록되었습니다.

여기서 말하는 회개하라는 말이 무엇을 뜻하나요? 그것은 방향을 바꾼다는 뜻입니다. 인생의 길에서 하나님의 길로 유턴한다는 말입니다. 그 말은 전에 살던 삶의 방식대로 살지 않고 성경이 각 장마다 제시하고 있는 말씀대로 살기 시작하는 것을 뜻합니다. 그러므로 우리는 변화하여 과거의 삶을 기꺼이 청산해야 합니다.

네 번째 우리는 예수 그리스도를 우리의 마음과 삶 속에서 받아들여야 합니다. 그리스도인이 된다는 것은 하나님께서 우리 삶 속에 사시게 하는 것입니다.

요한복음 1장 12절에, "영접하는 자 곧 그 이름을 믿는 자들에게는 하나님의 자녀가 되는 권세를 주셨나니"라고 기록되었습니다. 그러므로 우리는 그분을 반드시 영접하여야 합니다.

예수님께서도 "볼지어다 내가 문밖에 서서 두드리노니 누구든지 내 음성을 듣고 문을 열면 내가 그에게로 들어가 그로 더불어 먹고 그는 나로 더불어 먹으리라"(요한계시록 3:20) 말씀하셨습니다. 그러므로 이제 우리 모두 각자의 문을 열어드리도록 결단해야 합니다. 어떻게 열어 드리겠습니까? 바로 당신의 기도를 통하여서입니다.

기도합시다

당신이 예수 그리스도를 당신의 삶 속에 한 번도 들어오시라고 영접하신 적이 없다면, 지금 바로 당장 시행하십시오. 여기에 당신이 기도할 수 있는 한 기도문을 제시해 놓았습니다.

"나의 주인 되신 예수님, 나는 죄인입니다. 나의 지은 죄를 용서하여 주십시오. 지금 나의 모든 죄에서 돌이켜 회개합니다. 주님께서 십자가 위에서 나를 대신하여 죽으시고 나의 죄 값을 지불해 주심을 감사드립니다. 이제 내가 예수 그리스도를 나의 주로 영접하오니 이제 내 마음과 삶 속에 들어와 주십시오. 그리고 나를 성령으로 충만케 하셔서, 주님의 제자가 될 수 있도록 도와주십시오. 나를 용서하시고 내 삶 속에 들어오심을 진심으로 감사드립니다. 이제 제가 당신의 자녀가 되어 천국에 들어갈 수 있게 하심을 감사드립니다. 예수님의 이름으로 기도드립니다. 아멘"

이것은 한 예문이지만 당신이 이와 같은 기도를 하는 순간, 하나님은 곧 응답하실 것입니다. 당신은 정말 잘 결단하셨습니다. 당신의 믿음의 결단은 이제 당신이 어떻게 살아갈 것인지를 깨닫는 데 큰 영향을 미칠 것입니다. 이제 당신은 주님의 천국에 들어가게 되어 있고, 또 한편으로는, 그동안 의문스러웠던 영혼에 관한 영적 질문들에 대해 응답을 받아 평안과 기쁨을 누리며 살아가게 될 것입니다. 그리스도의 은혜와 사랑이 당신을 떠나지 않을 것입니다.

예수 그리스도의 종   척 스미스 로부터

갈보리채플 사역비전

(히 4:10) 이미 그의 안식에 들어간 자는 하나님이 자기 일을 쉬심과 같이 자기 일을 쉬느니라

(롬 15:1) 우리 강한 자가 마땅히 연약한 자의 약점을 담당하고 자기를 기쁘게 하지 아니할 것이라

우리는 하나님의 사랑은 온 인류를 향한 것이며, 그 아들 예수님을 보내시어 인류의 죄를 위하여 십자가에 죽게 하시고 사흘 만에 부활하신 것을 믿는다.(고전 15:3,4)
– 그러므로: 우리는 죄 사함과 부활의 주 예수 그리스도를 전파한다.

우리는 모든 성경은 하나님의 감동으로 된 것으로 교훈과 책망과 바로잡음과 의로 교육하여 하나님의 사람을 온전케 하며 모든 선한 일에 철저히 구비되게 하려는 것을 믿는다.(딤후 3:16,17)
– 그러므로: 우리는 하나님의 말씀을 가르치는 일에 힘쓴다.

우리는 복음의 진리 안에서 성숙하고 온전한 그리스도의 몸된 교회를 세우기 위해 하나님께서 그의 사역자를 세우시는 것을 믿는다.
[엡 4:11,12]
– 그러므로: 우리는 가서 모든 족속으로 제자를 삼는다.

우리는 그리스도 안에 오직 한 몸이며, 비록 각 교회에 여러 가지 다른 점이 있을지라도, 예수 그리스도로 말미암아 성령 안에서 우리 모두가 하나임을 믿는다.(엡 4:4)
– 그러므로: 우리는 성령 안에서 하나 되게 하실 것을 힘써 지킨다.

갈보리채플 권장도서

응답받는 기도생활
척 스미스 저 / 이요나 감역

우리의 기도는 절대적 믿음의 신뢰 속에서 하나님의 능력이 방출되게 하는 것이다. 갈보리채플 부흥의 역사는 아주 작은 신념의 기도로부터 시작되었다. 이 책은 크리스천들이 왜 실패하는 가에 대한 해답과 어떻게 성공적인 삶을 살 수 있는가에 대한 기도생활의 비결을 깨닫게 한다.

계시의 봉인을 떼라
척 스미스, 데이빗 윔비시 공저 / 이요나 감역

언젠가부터 교회 안에 "계시록을 멀리하라 계시록은 봉한 책이므로 절대로 이해할 수 없다"는 소문들이 퍼지기 시작했다. 그러나 분명한 것은 종말의 날이 우리 앞에 다가오고 있다는 것이다. 갈보리채플 척 스미스 목사의 계시록 강해는 오랜 목회생활 속에서 연구하고 깨달은 것을 이해하기 쉽게 정리한 것으로, 이제 이 땅에 일어날 일들을 대처하는 지혜를 제공한다.

영적전쟁의 비밀
브라이언 브로더슨 저 / 최모세 역

인류 역사의 어두움이 절정에 가까워질수록 영적전쟁은 더욱 명백해 진다. 이 전쟁은 단지 철학적 감각의 선과 악의 전쟁이 아니라, 이 땅의 그리스도인들과 마귀와의 전쟁이다. [영적전쟁의 비밀]은 사탄 문화권의 젊은이들을 복음의 승리로 이끌어낸 갈보리채플 척 스미스 목사의 후계자 브라이언 목사가 제언하는 영적전쟁의 승리의 비결이다.

홀리북스 권장도서

거기 누구 없소 나 아픈데
이요나 저

'동성애', 누구든지 이 사슬에 얽히면 스스로 그 멍에를 끊고 나올 장사가 없다. 이 육체의 족쇄는 자극의 원리를 상실한 채, 머리와 꼬리가 뒤엉켜버려 풀어질 수 없는 수억의 뱀 더미와도 같다. 또한, 이들은 브레이크 끊어진 고속열차 같아서 죄가 차기까지는 결코 세미한 음성을 듣지 못한다. 그러나 당신이 동성애로부터 벗어나고자 하는 의지와 믿음을 가졌다면 이 책은 당신을 예수 그리스도의 구원의 은혜로 인도할 것이다.

커밍아웃 어게인 – 진리 그리고 자유
이요나 저

<Comin Out Again>은 한국 최초의 게이바 열애클럽을 운영하며, 43년간 동성애자의 애증의 삶을 살던 탈동성애인권운동 이요나 대표의 동성애 해법 교과서이다. 만약 당신의 아들, 형제, 친구가 동성애자인 것을 알았을 때 당신은 어떤 도움을 줄 수 있을 것인가? 또한 동성애는 죄라고 설교하는 당신은 동성애자 신자를 어떻게 구원할 것이며, 당신의 학교, 교회, 그리고 당신의 안방까지 유혹해 오는 동성애의 손길을 어떻게 대처할 것인가?

성경적 상담 매거진
홀리북스 / 기독서점 발매

[성경적 상담 매거진]은 목양현장에서 발견된 인생의 역경과 유혹들을 어떻게 성경적 관점으로 대면하고, 또 어떻게 승리의 길로 인도할 수 있는지에 대한 성경적 원리를 제시하여, 모든 성도들이 성경적 상담의 역할을 할 수 있도록 준비시키데 있다.

Effective Prayer Life
Copyright © 1993 Chuck Smith

力を解放する祈り
Copyright © 1993 Kouichi Hirano

응답받는 기도생활
Copyright © 2020 Jonah Lee
Korean translation rights arranged with author directly